OUVRAGES DE M. MAURICE BARRÈS

Publiés chez Georges CRÈS et Cⁱᵉ.

———

Collection des · Maîtres du Livre ·

Le Jardin de Bérénice.
Un Homme libre.
Sous l'œil des Barbares.
Du Sang, de la Volupté et de la Mort.

———

Collection des · Variétés littéraires ·

L'Abdication du Poète.

MAURICE BARRÈS

DE L'ACADÉMIE FRANÇAISE

—

DIX JOURS
EN ITALIE

COLLECTION "BELLUM"

ÉDITIONS GEORGES CRÈS & Cie

116, BOULEVARD SAINT-GERMAIN, PARIS

7, RÄMISTRASSE, ZURICH

—

MCMXVI

Dix jours en Italie

DEUX NOTES PRÉLIMINAIRES

I

AVANT LE DÉPART :
LES ÉTAPES DE L'AMITIÉ FRANCO-ITALIENNE

Il n'y a qu'une seule guerre. C'est de quoi l'opinion doit prendre conscience dans chacun des pays de l'Entente. Aujourd'hui, l'Italie est en train de surmonter ses dernières hésitations et déclare officiellement qu'elle n'a pas d'autre but que les combattants de la Meuse et de la Dvina... Dans le même moment, nos amis et alliés veulent bien m'inviter à passer les Alpes pour demeurer quelques jours au milieu de leur vaillante armée. J'accepte avec empressement. Que mes lecteurs excusent mon absence; à mon retour, je ne manquerai pas de leur faire mon rapport et d'aider, selon mes forces, à dissiper ce qui subsisterait des malentendus détestés qui retardèrent l'unité de l'action militaire et diplomatique, l'unité du front, assurée aujourd'hui par la Conférence de Paris et par l'entente des états-majors.

Tout naturellement, avant que je me mette en route et que je voie et que j'entende, je repasse en esprit le chemin parcouru, les étapes de l'amitié franco-italienne. Vieux pèlerin des routes d'Italie, je suis l'un de ces Français, fidèles à l'antique vérité, qui ne cessèrent jamais de célébrer la force animatrice de cette terre des chefs-d'œuvre. Aujourd'hui, nous voulons tous une extension de l'amitié franco-italienne sur tous les terrains : intellectuel, économique, financier, militaire.

Les artistes ont toujours travaillé à une diffusion plus grande de la pensée latine sur les deux peuples. Quelquefois, on a reproché aux écrivains français amis de l'Italie de se tenir en contact avec son passé, plutôt qu'avec ses manifestations quotidiennes. Ils en avaient plusieurs raisons. En tous lieux, nous serions inexcusables de ne pas aller d'abord à ce qui est éternel, mais en Italie le présent, parfois, serrait le cœur d'un Français.

Quand j'avais vingt ans et que j'étais l'hôte de la Villa Médicis, à Rome, j'ai entendu un homme politique, philosophe et publiciste, homme d'action et de réflexion, M. Bonghi, déclarer :

« Chez nous, quel que soit le parti qui occupe le pouvoir, une chose est nécessaire et durera, l'alliance allemande. »

Que pouvait dès lors un jeune Lorrain ? Retourner à la Villa Médicis, visiter Raphaël et Michel-Ange, les tombeaux de la voie Appienne, les traces émouvantes de Claude Gelée et de Chateaubriand et se tenir en dehors de la vie la plus actuelle.

En Italie, trop souvent, nous avons éprouvé l'amer sentiment d'aimer sans être aimés. Mais quand l'aube d'une Europe nouvelle se leva, la nation aimée détacha ce masque léger qui la cachait. Août 1914 ! L'Allemagne déclare la guerre à la France. Voilà le peuple italien incertain, angoissé. L'Italie est-elle obligée, par le seul jeu des alliances, de prendre les armes contre nous ? Sur l'heure, dans l'âme populaire, les querelles que l'Allemagne avait tant avivées s'effacent, en même temps que se réveille la vieille haine contre l'Autriche. Ne symbolisait-elle pas, cette haine, les plus glorieux souvenirs de l'Italie moderne ? Tout de suite le ministère prit un parti : la Triple-Alliance ne l'obligeait nullement à s'associer à l'agression allemande...

La conscience populaire respira plus à l'aise, mais quelle serait l'issue de la lutte formidable ? « *Nous avons passé d'une angoisse à l'autre* », dit un professeur italien, l'un des meilleurs historiens d'aujourd'hui.

Morhange. Charleroi ! Le torrent germanique semble tout emporter. L'Italie reçoit les communiqués allemands, et, de France, à peine quelques rares nouvelles. Une tristesse muette remplit les cœurs. On a saisi le sens de

1.

la partie qui se joue. Pas une parole qui puisse nous blesser. beaucoup d'anxiété seulement. On espère le miracle français.

C'est la bataille de la Marne. De suite la prodigieuse intelligence italienne qu'aucun mot ne trompe a compris. Ailleurs. on épilogue sur les contradictions des communiqués. pas en Italie. Ferrero salue « *la victoire de la civilisation* ». D'autres voix lui répondent. Le maire à demi-paysan d'un bourg de la côte Adriatique dit à un Français : « *Sur la Marne s'est décidée dans le monde une grande question : il s'agissait de savoir s'il y aurait encore des hommes libres.* »

Un long hiver de 44 ans se dispose à fleurir dans le printemps de 1915. Le ministère. calme et résolu. prépare son œuvre immense : réorganisation de

l'armée, mise en état de la défense nationale, revendication des frontières
naturelles et des provinces *irredente*.
Un Français arrive à Rome et voici
qu'il soulève l'enthousiasme. Quel
signe d'un nouvel état des esprits ! Le
7 avril 1915, le général Pau visitant le
Forum, l'illustre archéologue Boni lui
présente un bouquet de lauriers romains et de roses « France » poussés
dans cette terre glorieuse. En vain la
force allemande et ses manœuvres
troublent quelques Italiens; le roi et le
ministère en appellent à la nation.
Soulevées à la voix de Gabriele d'Annunzio, les foules de Rome, de Milan,
de Gênes, de vingt autres villes, demandent à prendre leur place pour le
combat, selon l'honneur et selon le
droit. Dans la lumière dorée du printemps romain, à l'ombre des lauriers,

le peuple réclame la guerre, et les cortèges immenses du Capitole et du Pincio entraînent l'Italie entière. Les pompes qui se déroulent donnent à la décision virile d'un peuple un caractère d'indicible beauté.

La guerre nationale commence. Dès l'abord, les armées portent leur élan au delà des frontières, s'assurent les passages et les cols dans les hautes montagnes, et pressent vigoureusement les positions autrichiennes de l'Isonzo et du Carso. La parole première de Gabriele d'Annunzio continue de mûrir : *En vérité*, avait-il dit plusieurs mois déjà avant sa rentrée en Italie, *notre tâche est bien plus sévère que d'achever l'agonie du vautour. Sans doute, « le vieux pontife armé de la liberté latine », celui que les volontaires des Vosges dressèrent sur son* cheval pour la dernière fois, attend au cœur même de Trente la libératrice, assis à l'ombre de la statue redoutable... Mais bien plus généreuse est la tâche de « celle dont la vie crût avec la libre vie de l'homme, et dépérit avec sa ruine ». Il faut que par une action plus éclatante elle mérite d'entrer, avec les rudes chevaux de ses Maremmes et toutes ses belles bannières déployées, dans les villes impériales, quand le triomphe des nations sur la horde sera célébré... » Et le jour même où la déclaration de guerre éclatait dans la Ville enfiévrée, il m'avait télégraphié : « Nous avions deux patries, et, ce soir, nous en aurons une seule, qui va de la Flandre française à la mer de Sicile. »

C'était proclamer l'unité de front. De mois en mois, on s'y achemine. Un progrès continu manifeste clairement l'opposition foncière entre l'Italie et l'Allemagne. La solidarité croissante contre l'adversaire commun, l'union toujours plus étroite à réaliser dans tous les ordres de l'activité, voilà les vérités qui s'imposent à tous dans l'Italie en guerre.

« *L'Allemagne s'est déshonorée à jamais ; après la paix, elle portera le poids de sa défaite morale* », déclare le *Corriere della Sera*. « *L'ennemi,* affirme M. Sonnino dans un retentissant discours, *a manqué sous Verdun ce qui était le but principal de son assaut par surprise: il n'est pas parvenu à provoquer en France, ni dans les pays alliés et neutres, un seul mouvement de dépression et de découragement.* » Luzzatti s'écrie : « *Amis, anciens et dévoués, adversaires acharnés, tous aux jours de Verdun ont senti* grandir ou s'affermir leur admiration pour la France. » Et dans un commentaire des plus significatifs, le *Secolo* écrit : « *La parole de Sonnino marque un progrès sensible de l'Italie dans la voie de l'union avec ses alliés. Tout d'abord l'Italie a refusé de s'associer à l'agression des Empires centraux. Puis elle a rerendiqué son droit à ses territoires « irredenti ». prenant ses armes pour assurer ses frontières. Elle en est renue maintenant à une guerre de solidarité avec l'Europe qui se défend contre le péril allemand.* » Voilà l'exposé presque officiel de la façon dont l'Italie considère non pas sa guerre, mais *la* guerre.

C'est le sentiment de la nationalité italienne qui monte à la surface, brise les liens du passé et dépossède de leurs arguments les représentants des anciennes habiletés.

Il existe en Italie un parti neuf, ardent et savant, qui compte peu de représentants à la Chambre, mais rallie dans le pays la plus belle jeunesse. Sa pensée vaut comme une force d'avenir. C'est le parti nationaliste. Il prétend — nous ne prenons pas cette opinion à notre compte — que la place de l'Italie dans l'Entente a été jusqu'ici secondaire, et sans plus tarder, il veut que l'Italie déclare la guerre à l'Allemagne :

« Et ce n'est pas une déclaration platonique de guerre qu'il nous faut : elle ne changerait rien à la situation. L'essentiel est que l'Italie soit présente, et dignement présente avec des forces suffisantes pour la tâche et pour notre rang, partout où l'Entente voudra porter à l'Allemagne le coup décisif : en

Orient, et c'est de là que doit partir l'assaut : sur le front occidental, en Flandre, en Champagne, en Alsace, si on le juge plus opportun. Il s'agit d'un problème technique, à résoudre selon des principes techniques. Au point de vue politique, il importe seulement que les armées allemandes trouvent sur leur route les soldats italiens » (M. Alfredo Rocco, dans l'*Idea Nazionale*).

Quelle netteté ! Ce qui est tout à fait intéressant, c'est le point de vue auquel se place ce parti de la jeunesse. A ses yeux rien ne compte que l'intérêt de l'impérialisme italien. Il se flatte de couper net avec les partis et les thèmes de la veille.

« C'est avec une âme de combattants, dit-il, non avec une âme de spectateurs et de juges que nous devons décider. Il ne s'agit pas de décerner un prix de vertu à l'Allemagne ou à la France, mais de vaincre. On peut admirer la force organisatrice, les vertus patriotiques, l'esprit militaire de l'Allemagne, et croire qu'il faut mener avec plus d'intensité et de vigueur la guerre contre elle. On peut, par contre, avoir le plus profond mépris pour la démagogie parlementaire française, et penser que nous devons aider la France à repousser l'attaque allemande, si l'on estime qu'aujourd'hui le salut de la France est nécessaire à notre victoire... »

Sans doute je me surprends à regretter qu'à ce rude accent ne se mêle pas un peu de la pensée plus tendre du savant danois Nyrop, dont je vous parlais hier, qui veut le salut de la France pour l'agrément et la beauté de l'univers, et je garde ma plus fraternelle inclination pour un Gabriele d'Annunzio, qui de toute sa réflexion aime la France, autant que nous admirons la divine terre d'Italie, mais je n'ai rien à objecter contre la rude logique des nationalistes italiens. Leur intérêt national, disent-ils, coïncide, en ce moment, avec l'amitié française. *Cuique suum.* Réjouissons-nous de constater que ce n'est pas l'esprit des nations étrangères qui agit sur l'Italie, quand elle étouffe chaque jour davantage ce qui subsistait en elle de pensée germanisante; admirons qu'elle s'engage dans une collaboration plus ardente et plus étendue à mesure qu'elle accueille ses tendances profondes, ses besoins positifs; attendons toute amitié de cette conscience où chaque jour s'élabore un sentiment plus clair des conséquences de l'Entente, — et, d'abord, rendons justice à ce qui déjà fut réalisé.

II

LE RETOUR

Me voici de retour d'un voyage au front italien, où j'ai été reçu avec une sympathie dont je demeure profondément reconnaissant. Que de spectacles émouvants et rassurants me furent offerts en peu de temps ! Debout dès cinq heures du matin, nous causions encore avec nos excellents hôtes vers les minuit. En dix jours, j'ai vu un nombre incroyable d'hommes, de choses et de pays ; j'ai causé avec les plus illustres personnages. Et main-

tenant qu'assis à ma table de travail je
fais le rappel des images et des idées
que j'ai recueillies, je me trouve vraiment dans cette forêt, *silva rerum ac
sententiarum*, dont parlait un grand
Romain. L'abondance même de mes
richesses me gêne. C'est trop naturel.
Plus on fut généreux et confiant, plus
je dois me surveiller et de moi-même
devancer la censure qui m'observe.
Le lecteur voudra bien comprendre les
difficultés de ma tâche.

D'excellents travaux ont déjà été pu-
bliés sur l'activité de « l'Italie en armes », je me préoccuperai moins de
les rappeler, de les résumer et de faire
un tout complet, que d'apporter ma
faible contribution, ma rapide expérience. Je transcrirai mes carnets. J'invite le lecteur à m'accompagner, à
profiter avec moi des facilités incompa-

rables qui me furent données pour
visiter le Carso, la lagune de Grado, la
Carnie, les Alpes Juliennes, les Dolomites, le front et les services d'arrière,
et puis la charmante Venise. Que mes
lecteurs soient mes compagnons de
route.

I

LE DÉPART. — ARRIVÉE A TURIN. — UN DINER AVEC DES HOMMES POLITIQUES. — UNE HEURE A VENISE. — LE TIEPOLO DES SCALZI DÉTRUIT.

Depuis longtemps le Grand Quartier Général italien voulait bien m'inviter avec quatre compagnons à visiter le terrain varié où, sur une ligne de six cents kilomètres et parfois au milieu des neiges éternelles, se battent ses soldats. Si grand que fût l'intérêt de ce voyage, nous avions dû l'ajourner: nous ne pouvions pas sortir de France durant les anxiétés de Verdun. Enfin, au début du mois, l'échec du Kronprinz ne faisant plus de doute, j'ai prié mes lecteurs de me donner congé, et le 9 mai, au soir, notre petit groupe s'embarquait.

Arrivés à Turin le lendemain vers trois heures de l'après-midi, nous étions, faute de train, obligés d'y demeurer jusqu'au soir. C'était tout indiqué par cette éclatante journée de printemps de s'en aller jusqu'à la Superga, belle église sur une hauteur en dehors de la ville.

J'ai fait seul, à pied, une partie de la montée, et je reconnaissais toujours pareille à elle-même, que ce soit la guerre ou la paix, la puissante nature d'Italie. La colline vigoureuse, luisante de verdure, respirait largement au soleil, chaude, parfumée, pleine d'oiseaux, semée de jeunes femmes qui se reposaient sur ses pentes, et couronnée d'un riche monument architectural. Quelle figure éternelle du Printemps d'Italie!

Au couvent de la Superga sont ensevelis plusieurs princes de la maison de Savoie, et parmi eux la princesse Clotilde, femme du prince Napoléon. L'inscription funèbre nous dit que la morte royale fit ce mariage pour servir l'œuvre de l'unité et de l'indépendance italienne. Ce tombeau, dans ce lieu glacial, cette phrase de récompense est pleine de grandeur.

A mon retour dans la ville, j'ai rencontré une musique militaire et quelques soldats que suivaient plusieurs centaines de jeunes gens, portant à la

main de petits ballots. Sans doute des
recrues arrivant au dépôt. Le public ne
semblait guère s'occuper de ce cortège,
qui fut ma première image de la guerre
italienne. Si j'avais voulu voir le vrai
caractère que les événements donnent
à Turin, j'aurais dû, me dit-on, visiter
les ateliers où l'on travaille pour l'armée; l'activité y est très grande, et
Turin comme Milan, à cette heure,
gagne beaucoup d'argent. Mais le temps
me manquait. Le sénateur-maire de
Turin avait l'aimable attention de nous
réunir à dîner, avant le départ du train,
avec quelques notables, préfet, hommes
politiques, consul de France.

On a causé. Paisiblement, entre voi-
sins, ou bien à voix sonore, à l'heure
des toasts. Une chose est certaine :
l'admiration pour les défenseurs de
Verdun. Les Italiens, officiellement,

ne sont en guerre qu'avec les Autrichiens. Mais les Autrichiens s'appellent *Tedeschi*. Chacun de ceux qui entourent cette table, quelles que soient ses opinions de la veille, prend les événements au point où ils sont, et voit bien que la décision de la guerre se prépare partout où l'on tue des Teutons. Solidarité des Alliés et coordination de leurs efforts, voilà le programme où sont arrivés ceux que j'écoute parler et, me disent-ils, le plus grand nombre de leurs compatriotes.

Si j'avais à prendre la parole en public, je crois tout à fait que je serais dans le sentiment général en disant que l'Italie, se bat pour l'accomplissement de ses destinées nationales, c'est-à-dire pour s'assurer les frontières dont elle ne peut pas se passer, et puis pour la défense de la civilisation. Aux yeux de l'Italien qui raisonne, une chose n'est pas tout à fait nationale si elle demeure territoriale. Toujours préoccupé de son origine latine, il aime avoir des pensées universelles, et, plein de feu, il s'échappe du cercle étroit de ses intérêts propres après les avoir assurés. Les brutales injures grossièrement multipliées par les Allemands en Belgique ont révolté l'Italie, et le député wallon Desirée, qui possède, paraît-il, un don admirable d'éloquence, a remporté jusqu'en Sicile les plus grands succès en peignant de quelle manière sa patrie s'est immolée pour la défense de son territoire et du droit.

Pour ma part, tandis que nos hôtes parlaient, j'ai vu avec netteté, derrière les draperies de la courtoisie et de l'éloquence, que le mariage de la France et de l'Italie était en train de s'accomplir.

Mon opinion m'a été confirmée par des compatriotes qui habitent Turin et avec qui j'ai causé en confiance. La tragédie de Verdun a été suivie autour d'eux, m'ont-ils dit, avec une véritable anxiété et avec la plus vive admiration dans toutes les classes de la société.

Maintenant il faut tout disposer pour que ce mariage produise de bons fruits. Il s'agit que nous fournissions à un peuple ambitieux et travailleur, justement fier de l'ascension qu'il accomplit depuis vingt années, les moyens économiques et financiers qu'il demandait à l'Allemagne.

L'Italie animée par de hauts sentiments idéalistes, entraînée par un concours de faits que je me préoccupe de noter, s'est trouvée un beau matin irrésistiblement engagée dans la fournaise. Cette dure guerre que nous avons subie, qui nous fut imposée, elle l'a voulue. C'est grande noblesse. Tout naturellement elle aimerait bien être récompensée de son désintéressement. Les politiques qui ont déterminé les hésitants auraient besoin de pouvoir montrer au pays ce que l'intervention rapportera. Nulle part plus qu'en Italie ne se posent dès maintenant les problèmes d'après-guerre.

A huit heures du soir, après la conversation la plus intéressante, nous dûmes nous séparer de nos amis civils pour continuer notre voyage jusque chez nos amis de l'armée. C'est à Udine que nous nous rendions. Le train où nous montâmes n'aurait pas dû aller jusqu'à Venise. Régulièrement il passe à Milan, touche à Mestre et de là, sans entrer dans la lagune, tourne court, prend la ligne de Vienne. Mais l'administration du chemin de fer, devinant combien il nous serait agréable de jeter au moins un coup d'œil sur la ville enchantée, nous fit la surprise de pousser notre wagon de telle manière qu'à l'aube nous nous trouvâmes à l'entrée du Grand Canal.

Je dormais encore quand on vint me dire : « Nous sommes à Venise pour une heure. » A travers les vitres, je voyais, je respirais l'étendue charmante, et je me hâtai de profiter de l'aimable minute.

Par le plus joli soleil du matin, me voici hors de la gare, devant l'escalier battu de la vague dont jadis, tant de fois, j'ai descendu avec ivresse les marches. Le temps nous manque pour aller jusqu'à la place Saint-Marc; mais tout auprès voici l'église des Scalzi, sur laquelle les avions autrichiens jetèrent des bombes. Allons voir leur crime et la voûte effondrée qui portait le chef-d'œuvre de Tiepolo, la maison de la Vierge transportée à travers l'espace par les anges de Nazareth à Lorreto.

Je sonne. Deux moines m'ouvrent. « Les pauvres vieux, me dit-on. Si vous aviez vu leur émoi, quand au milieu de leur paix et de leurs trésors est arrivée cette brutalité ! » Rien ne subsiste, rien ne laisse d'espoir ; c'est un trou béant, un désastre complet. Vous vous rappelez l'éclatante merveille ? Entourée d'anges musiciens, la Vierge portait un manteau jaune, inoubliable, qui donnait la clef musicale de tout le tableau. On sait comment la Venise du dix-huitième siècle mettait au-dessus de tout les concerts et l'opéra ; une harmonie délicate et fastueuse emplissait les églises, les palais, les places.

les théâtres ; il semble qu'aux Scalzi Tiepolo ait voulu dire : « Moi aussi je suis musicien. » Rythme, coloris, mouvement, il égale Monteverde et Marcello. Ses anges avec leur violon et leurs longues trompettes jetaient cette note claire et aiguë de jaune... Adieu, plaisir, éclatante fantaisie, caprices, bel art apparenté aux féeries de Shakespeare, aux grâces de Marivaux et, déjà, au romanesque un peu triste de notre Musset ! Du feu d'artifice que l'aimable génie avait fixé dans les airs, la brute allemande a fait ce tas de plâtras en poussière qui gisent dans un coin de la chapelle.

Rien ne subsiste du chef-d'œuvre, sinon, aux quatre angles de la corniche, quatre motifs, quatre spectateurs qui regardaient voler au centre du plafond la Vierge de Lorette. Ils

voient, ce matin, par le plafond troué
les pigeons de Saint-Marc entrer libre-
ment et voltiger sur nos têtes.

Ce crime si bête a rempli d'enthousiasme la Germanie entière. Dès la première minute elle avait cherché cet
exploit. La guerre fut déclarée le 23 au
soir ; le lendemain matin, vers 5 heures, dans cette aube rose et bleue où
les églises et les palais de Venise semblent des choses aériennes qui se reflè-
tent dans l'eau, trois avions ennemis
apparurent dans le ciel. « Cela donnait l'impression, me dit Ugo Ojetti,
qu'on jetait des bombes sur le berceau
d'un enfant. » L'une d'elles éclata sur
le quai des Schiavoni.

N'y a-t-il pas dans Wurtzbourg quelque plafond de Tiepolo que l'on pour-
rait détacher et rapatrier, pour la conso-
lation et la gloire de l'église des Scalzi ?

II

L'ARRIVÉE DANS LA ZONE DE GUERRE. — UN CAMP D'AVIATION. — UN DINER CHEZ LE GÉNÉRAL PORRO.

Au bout d'une heure trop courte passée dans cette Venise matinale, nous reprenons notre train qui va nous conduire à Udine, Udine sur la ligne de Vienne et capitale du Frioul. Le général Duroc, né à Pont-à-Mousson, était duc de Frioul. Nous voici dans la région la plus napoléonienne, si je puis dire, de l'Italie, dans une région toute pleine des titres de la noblesse impériale et des gloires du général Bonaparte. Quelle différence des temps, des méthodes et des moyens ! Les victoires du premier Consul et plus tard celles de Napoléon III ouvraient les chemins de Vienne. Aujourd'hui des tranchées.

Notre train court à travers une plaine immense et riche, sur un terrain d'alluvions glissé des montagnes. La couche fertile recouvre légèrement un lit épais de cailloux que les torrents apportent des Alpes. Les Alpes travaillent à combler, à « enterrer la mer », comme dit la langue italienne. Dans ces vastes herbages plans, la nombreuse et brillante cavalerie italienne comptait trouver un champ incomparable d'activité, mais Cadorna débuta

par une offensive et dès son premier
effort se porta sur la montagne. Aujourd'hui la cavalerie italienne, de la
même manière que la nôtre, a dû se
mettre jusqu'à nouvel ordre au travail
des fantassins.

Nous avons traversé Trévise, Conegliano, et vers midi nous passons les
eaux et les cailloux du Tagliamento sur
un pont de huit cents mètres. C'est sur
sa rive droite que l'opinion générale
croyait que l'armée italienne s'instal-
lerait, laissant entre elle et les Autrichiens le large torrent; mais Cadorna
s'est porté 80 kilomètres plus loin, au
delà des frontières. C'est le grand fait
de la guerre italienne. L'armée et le
pays en reçurent un surcroît prodigieux de confiance. Songez à notre entrée en Alsace, à ce premier poteau
frontière arraché et que nous avons

planté sur la tombe de Paul Déroulède. Les Italiens s'attendaient à l'invasion, ils croyaient avoir à se battre pour leur défense sur leur propre sol, et voilà qu'ils commençaient immédiatement la reconquête !

Ce que fut leur joie, un témoin, Luigi Barzini, l'a peint dans une page saisissante de son recueil *Al Fronte :*

« Dans l'armée, l'attente était lourde... Il y avait encore une crainte obscure et vague d'être retardé. Qu'attendons-nous ? se demandaient les soldats, qui sont simplistes, et qui considèrent que tout est prêt, du moment qu'ils sont là. Les clochers des villages, les collines qui s'élevaient comme des îlots dans la plaine, les antiques remparts vénitiens de quelque vieille cité, enfin la haute esplanade de la citadelle d'Udine, étaient toujours bondés de soldats, qui contemplaient les terres italiennes à délivrer. On entendait des exclamations naïves et passionnées. Certains, des ignorants, arrivés au front par devoir, s'enflammaient à cette vue. Elle était comme la vision matérielle de l'injustice. Ce profil de l'horizon avait pour leurs cœurs quelque chose de douloureux : ils sentaient au delà la Patrie déchirée et opprimée. Dans cette ligne bleuâtre des plaines qui allait se dégradant jusqu'à la mer, dans ces crêtes des montagnes lointaines et diaphanes, dans toute cette terre aux noms italiens et à la physionomie italienne, il y avait je ne sais quelle expression indicible d'appel et d'entente.

« Et l'heure sonna. Personne ne l'eût imaginée si belle.

« Un mouvement d'états-majors commença dans la nuit. Un ronflement d'automobiles éveilla la ville vers trois heures du matin. Le crépitement des motocyclettes se dispersa dans les ténèbres vers des buts ignorés. Puis, dans tous les cantonnements, dans les villages, dans les centres de dépôts, éclatèrent des sonneries. Les joyeuses fanfares du réveil appelaient et répondaient par-dessus la plaine sombre. C'était la diane de l'Italie.

« Notre infanterie s'avança, croyant aller à l'attaque. Elle y allait avec une volonté compacte et joyeuse. Elle passa le Natisone parmi les bouquets d'arbres, dans le parfum des acacias fleuris, dans la fulgurance du plus beau soleil de mai, dans une atmosphère enivrante de printemps italien. Le flot humain passait, gonflé de joie. Il arriva sur la rive broussailleuse et fraîche du Judrio : la frontière !

« Alors ce fut une frénésie. L'ava-lanche d'hommes se précipita dans l'eau à travers les buissons pour toucher aussitôt l'autre rive, et un cri formidable s'éleva : « Italie ! Savoie ! Italie ! »

« Un à un les bataillons qui se suivaient en colonnes, par toutes les routes, lançaient sur le seuil de l'Italie Nouvelle le salut fatidique. Aucun appareil de fête solennelle ne peut atteindre à la grandeur de cette acclamation spontanée, formidable, irrésistible. Toutes les régions de l'Italie unissaient leur voix au chœur frémissant. Est-il possible que quelque chose de cette émotion mâle, fière, ardente, de l'armée, ne soit pas parvenu jusqu'au peuple qui attendait ?

« Sur la plaine ensoleillée, une mer de verdure s'épandait au bruit lointain

4

et confus des cloches. C'est Villanova qui la première sonna le tocsin. Les églises de Manzano, de Trivignano. de Palmanova répondirent. Toutes les cloches s'ébranlèrent. successivement. C'était la voix du Pays, la voix de la Terre, la voix de la Patrie. qui envoyait aux troupes son salut. l'hymne antique de ses fêtes. la musique de ses traditions. Et le tocsin donnait à l'heure inoubliable un auguste caractère de solennité religieuse.

« De ce moment. l'Italie était plus grande.

« De longs nuages de poussière s'élevaient et formaient des bandes. mettant çà et là des voiles sur la végétation. enveloppant les villages. se dissipant pour renaître plus près. C'était l'artillerie en marche. des colonnes à chevaux et à tracteurs, dont le bruit se répandait grave et continu, comme un frémissement de toute la plaine. L'antique frontière, la frontière de honte était effacée. »

N'est-ce pas que cette page est belle ? Il semble qu'il y passe le coup de vent qui soulève les grandes draperies de marbre du Bernin. C'est écrit dans une manière déclamatoire et vraie, d'une façon qui nous étonne, nous, froides gens du Nord, mais où se maintient toujours vive la vieille force oratoire de Rome.

Je fermai le livre quand nous arrivions à Udine.

Udine, où nous descendons du train, est une petite ville vénitienne, déjà italienne, avant la guerre. On nous installe dans un vieux palais où sont venus successivement, depuis douze mois, le général Joffre, Briand et hier le prince

de Galles. C'est ici que Gabriel Fauré
écrivit, il y a peu, ses *Paysages de
guerre* et peignait les aspects du Cadore et de la Vénétie en armes. Chateaubriand, en 1833, est passé à Udine ;
il note : « Je dînai dans l'appartement
que venait d'occuper Mme la comtesse
de Samoyloff : il était encore tout rempli de ses dérangements. »

Au temps des curiosités paisibles,
après quarante heures de train, nous
aurions aimé nous dégourdir les jam-
bes en flânant un peu dans ces vieilles
rues pittoresques ; mais nous avons
hâte de voir les soldats italiens. Les
autos s'avancent ; on nous offre d'aller
visiter un parc d'aviation. Avec grand
plaisir, certes ! Et sans plus de répit,
nous voilà partis vers les Alpes Carniques.

Nous traversons un village, que

mon compagnon me nomme : « Campo-Formido ». Je rectifie et dis : « Campo-Formio ». Il paraît que j'ai tort. Au reste, le traité de 1797 fut signé à quelques cent mètres de là, à Passariano, mais Bonaparte ne voulut pas plus de Passariano que de Campio-Formido ; il lui fallait de beaux mots pour nommer sa gloire.

Nous arrivons au parc, que je ne puis nommer. Quel décor ! D'immenses espaces en prairie au pied des plus nobles montagnes couvertes de neige. Au milieu de l'agitation d'innombrables appareils disposés par escadrille, on me montre les machines proprement italiennes, les Caproni à trois moteurs de 100 chevaux chacun.

L'inventeur, qui leur donna son nom, est de Arco, dans le Trentin ; il vit à Milan ; l'Autriche vient de confis-

quer ses biens dans sa ville natale. Notez
que l'Italie n'a pas confisqué un sou
des millions possédés par les Autrichiens en Italie, ni le Palazzo Venezia
à Rome, ni la Villa Ariana à Tivoli,
ni les biens de l'archiduc héréditaire à
Este, ni les grandes propriétés des Col-
talto à Susegagna, près de Trévise.

A ce moment, l'un des Caproni
prend son vol. Il porte deux mitrailleuses et deux fusils automatiques. A
l'arrière, dans la tourelle, se tient debout un chevalier cuirassé et casqué,
un chevalier noir, beau comme la
mort. La machine est peut-être un peu
lente à s'élever, mais elle porte cinq
hommes. Dans la douceur d'une fin de
journée de mai, sur des prairies d'un
jaune vert, que ferment les grands plis
somptueux des Alpes, quel tableau, ces
chevaliers qui volent et ce fond déjà vu

dans les toiles de Giorgone et de Titien !

Tous ces appareils brillants, prêts à
s'élancer, dont les hélices tournoyent ;
d'autres qui bruissent dans le ciel libre ; toute cette jeunesse qui s'élève,
ces motos qui courent sur la prairie
pour porter des ordres ! Je n'y résiste
pas et je demande à nos hôtes s'ils ne
voudraient pas m'emmener dans le
ciel d'Italie.

Quel appareil ? Un Panhard ?

Je choisis le Caproni, plus spéciale-
ment italien.

Quelle douceur ! quelle tranquillité !
La plaine s'efface, les neiges des montagnes deviennent nos voisines. Je me
crois emparadisé. Je songe que c'est
d'ici que s'éleva, sur un même appareil, le commandant Salomone, dont
Gabriele d'Annunzio, au lendemain de

sa propre blessure m'écrivait : « Quelques heures avant d'entrer dans ma
nuit, j'ai pu m'incliner sur la figure
sainte du héros de Laibach. » Salomone
venait de jeter des bombes sur Laibach, plusieurs avions autrichiens l'en-
tourèrent, tuèrent l'un de ses compagnons, blessèrent l'autre à mort, le
blessèrent lui-même et de si près qu'ils
lui crièrent : « Tu n'as qu'à te rendre. »
Les pieds dans le sang, écartant un ca-
davre qui glissait sur lui, tandis que le
blessé, la tête en dehors de l'appareil,
répandait dans les airs les étincelles
sanglantes de sa vie, Salomone parvint
à regagner les lignes italiennes.

...Pour terminer la journée, nous
dinons, *quelque part dans la région*,
chez le général Porro, ou, comme disent les Italiens, chez Son Excellence
Porro. Le général est très populaire

dans toute la nation, pour avoir vu
d'ancienne date la nécessité de réformer
l'armée. Il occupe au *Commando Supremo* une place analogue à celle de
Castelnau auprès de Joffre. Porro et
Cadorna sont étroitement unis. Celui-
ci à la tête des opérations et s'en re-
mettant au second pour la direction
des services. Tous deux vivent sous le
même toit, mangent à la même table
et se partagent le poids de la guerre
avec une pleine confiance.

Ce soir-là, le général Cadorna ins-
pectait le Trentin et nous ne devions
avoir l'honneur de faire sa connaissance que sur la fin de notre voyage.
Le général Porro nous raconta ses visites sur le front français avec le général Joffre, et nous parla des grands
chefs, ses frères d'armes, qu'il a ren-
contrés à la tête de nos armées. Il con-

naissait leurs plus belles manœuvres
et les rappelait en quelques mots ; on
croyait entendre parler la postérité.

Le général s'exprime dans un français excellent. Il a été longtemps professeur de géographie militaire à l'École de
guerre ; il parle en détachant et sur-
veillant chacun de ses mots. C'est un
Piémontais, grand bourreau de travail.
très réfléchi, dont la solidité s'impose
dès l'abord ; c'est en même temps un
esprit charmant de courtoisie et de finesse.

Bien que la chose ne fût pas encore
officielle. nous avions appris que le
roi venait de l'élever à la dignité de
sénateur. et Barthou. qui, en toutes circonstances, avait accepté d'être l'orateur
de notre petit groupe, tourna très joli-
ment son compliment dans un toast.

— Eh ! répondit en souriant le général, c'est une chose qui arrive aux vieilles gens. N'est-ce pas, monsieur Pichon ?

Après dîner, au milieu des cartes, nous avons parlé du voyage que le quartier général italien nous avait préparé, et ces quelques instants d'entretien, je dirais volontiers cette leçon que ces hommes supérieurs, le général Porro et ses officiers, ont bien voulu nous accorder, ont été pour moi d'un immense profit. Je crois voir maintenant avec une grande clarté le front italo-autrichien qu'il allait m'être donné de parcourir.

On peut le diviser en trois secteurs.

1° *Secteur du Trentin.* — La frontière de 1866 était très défavorable à l'Italie, en ce qu'elle laissait à l'Autriche non seulement le nord du lac de Garde, et la vallée de l'Adige presque jusqu'à la plaine, mais les sources et les hautes vallées de nombreuses rivières allant à l'Adriatique par la Vénétie, telles que l'Astico (sous-affluent de la Brenta); la Brenta (Val Sugana); le Bordevole, la Boita (Val d'Ampezzo), affluents de la Piave. Ces vallées sont autant de portes d'invasion : en deçà de la frontière, la route autrichienne dite des Dolomites les relie entre elles ; la place de Trente forme leur réduit central.

2° *Secteur des Alpes Carniques.* — La frontière passait sur la ligne de partage entre les eaux allant au Danube et les cours d'eau côtiers allant à l'Adriatique. De forts ouvrages s'élèvent au débouché des cols en Autriche, et le chemin de fer de la Drave permet des mouvements latéraux de troupes, de la Styrie et de la Carinthie au Trentin.

3° *Secteur du Carso.* — La frontière
laissait à l'Autriche tout le plateau du
Carso, dont la partie abrupte est tour-
née vers l'Isonzo.

Les choses étant ainsi disposées, on
voit que toute armée opérant dans la
direction de Trieste est exposée à des
attaques de flanc et d'arrière venant
des Alpes Carniques et du Trentin.
C'est pour donner à leurs opérations
sur le Carso, entreprises avec la majo-
rité de leurs forces, la sécurité nécessaire, que les Italiens, dès le début des
hostilités, ont été conduits à pousser
leurs détachements au delà de la frontière politique du Trentin, par les hautes
vallées, et, quand ils l'ont pu, au delà
de la crête, dans la mesure où le leur
ont permis les solides organisations de
défense fixe des Autrichiens. De même,
pour paralyser les déplacements laté-

5

raux de leurs adversaires, ils ont dû entreprendre des opérations destinées à intercepter (au col di Lana) la route des Dolomites et à battre de leurs feux le chemin de fer de la Drave.

Voilà le programme réalisé jusqu'à cette heure par l'armée italienne et dont le grand quartier général veut nous faire voir sur place les difficultés. Successivement nous visiterons ces divers secteurs de la lutte. Demain, à six heures du matin, nous partons pour le Carso.

III

LES RUES D'UDINE. — UNE VISITE AU CARSO. L'AUDIENCE DU ROI.

Aujourd'hui, 12 mai, à six heures du matin, départ en voiture d'Udine pour le Carso.

Le Carso ! terre *irredenta*, pays à recouvrer, c'est cette série de plateaux qui s'élèvent en escaliers des bords de l'Isonzo jusqu'à Trieste, et qui prolongent, terminent les Alpes. Nous les voyons sur ce proche horizon, accotés

à de hautes montagnes et assez pareils
à des sacs jetés au pied d'un mur.
Cette partie de la frontière est la plus
accessible aux Italiens, puisque les
Alpes s'y abaissent; mais elle confirme
la définition que chacun des adversaires donne de cette guerre. « Notre
guerre, déclare l'Italie, est une ascension. Notre ennemi fuit en hauteur. »
Et le commandement de l'armée autrichienne, dans une proclamation à ses
troupes, au début de la campagne, disait : « Nous avons à conserver un terrain qui est fortifié par la nature. Devant nous, un grand cours d'eau;
derrière nous, une côte d'où nous pou-
vons tirer comme d'une maison à dix
étages... »

En dépit de positions si favorables,
les Autrichiens n'ont pu arrêter tout
l'effort des Italiens. Ceux-ci ont franchi

l'Isonzo et brisé les puissantes lignes
défensives construites au rebord du
Carso. Ils sont installés sur les premiers
seuils du plateau. C'est ce terrain conquis pied à pied que nous allons visiter.

La voiture roule à travers un pays
prodigieusement italien. Quel art décoratif chez les gens et dans la nature !
Les façades des maisons et des églises
sont peintes en trompe-l'œil : les maisons, pour faire croire à des balcons,
les églises, pour mettre des statues dans
de fausses niches. La terre est mince
sur un fond de cailloux, mais quelle
parure partout de vignes, de mûriers et
parfois de cyprès ! Les jeunes femmes
ont sur leurs épaules un long bois
cintré, où s'accrochent aux deux extré-
mités deux seaux, et sous ce joug familier elles s'avancent avec fierté, jeunes
princesses de village.

S.

Au milieu de ces beautés éternelles,
çà et là, le long de la route, des groupes
de tentes, des baraquements, des villages militaires construits pour les cantonnements des troupes du Carso.

Puis nous croisons des régiments en
marche. On me fait remarquer leurs
vêtements rougis par la terre du haut
plateau. Jeunes et gais, les soldats imi-
tent les cris de la sirène des automobiles qui les pressent de se ranger.

Cependant nous avons franchi l'ancienne frontière et bientôt nous atteignons l'Isonzo au nouveau pont de
Cassegliano. Un petit groupe d'officiers vient à notre rencontre. Mettons
pied à terre. C'est le général de division
Elia, hier encore sous-secrétaire d'État
à la Guerre, et le lieutenant Visconti-
Venosta bien connu à Paris, qui ont la
bonté de s'offrir à guider notre petit

groupe français. Le moment est favorable pour étudier le panorama qui,
fût-il seul à parler, se ferait déjà comprendre clairement.

Sur la rive gauche, qui nous fait
face, aussi loin que le regard puisse
descendre et remonter le fleuve, nous
rencontrons une barrière, une muraille
qui ferme l'horizon en s'abaissant du
côté de l'Adriatique. Ces montagnes
forment les bastions d'une forteresse
démesurée dont l'Isonzo est le fossé.
Leur partie la plus basse est le Carso,
tout devant nous.

Naturellement, la défense des Autrichiens dans cette forteresse naturelle
qu'ils ont surchargée de leurs savants
travaux, c'est la destruction des ponts.
Ils en ont détruit trois; les Italiens les
ont relevés et, pour plus de sûreté, en
ont établi cinq nouveaux que les Au-

trichiens, avec plus ou moins de sûreté, continuent à bombarder. Je me fais cette réflexion que toute la plaine de l'Isonzo est sous le feu de ces montagnes et que les Autrichiens qui les occupent, s'ils pouvaient dépenser les munitions sans compter, rendraient la vie difficile à nos amis...

Nous gagnons le Carso et ses premières pentes où de grands bœufs romains traînent sous les pins des chars gémissants. Eh! quoi! voici des roseraies, des serres, des chênes d'Italie, des terrasses d'où l'on voit la mer, le fleuve et la montagne; voici un petit temple de l'Amour qu'un 305 a démoli et, semées au milieu de ces vestiges du plaisir délicat, des centaines de croix de bois. C'est la villa de Castelnuovo qui appartenait à un prince de Hohenlohe. Nous en sortons pour passer dans

un bois de pins, tout pareil à celui que
peignit Puvis de Chavannes. Des tombes encore. Un bois sacré saccagé par
la guerre. Tel quel, un refuge, car sitôt
sortis de son couvert, on est en vue des
Autrichiens qui se sont repliés sur des
terrains plus élevés. Au loin indéfini-
ment s'étend le vrai Carso, tel qu'on
me l'a décrit, pays rugueux, pierreux,
à peine vêtu d'une maigre végétation,
profondément triste.

Il faut entrer dans les tranchées.
Nous suivons des cheminements de
terre rouge et de pierre bleuâtre. Beaucoup de pierre, très peu de terre. Immédiatement apparaît la terrible difficulté des Italiens qui s'avancent sans
pouvoir faire de tranchées, sinon à la
mine. Le pic n'y parviendrait pas. Il
faut des perforateurs. Pour monter où
nous les trouvons, ils durent s'abriter

à chaque pause derrière des pierres sèches et des sacs. Encore. les sacs, doivent-ils les remplir de terre à l'avance. Sur place on n'en trouverait pas. Les Autrichiens, eux, avaient des organisations défensives puissantes. Nous en voyons sur tout notre parcours les vestiges : remparts de roches, fossés, réseaux de fil de fer. qui n'ont pu arrêter la progression italienne.

C'est pour les officiers qui nous accompagnent une juste occasion de célébrer le courage de leurs soldats, et de dénoncer l'éternelle hostilité secrète de l'Autriche.

— L'Autriche, disent-ils, a cru utile de feindre qu'elle était surprise par notre guerre. Mais ces formidables travaux démentent sa surprise, prouvent une préparation bien étudiée. longue et patiente. Cette habile et labo-

rieuse organisation tactique du terrain
dit comment la guerre avec l'Italie était
dès longtemps dans ses plans. Seul le
moment restait à choisir. et c'est nous
qui l'avons choisi.

La matinée s'écoule à parcourir des
kilomètres au fond de ces cheminements de Bosco-Lancia à Pollazo et
ensuite à Fogliano, à Redipuglia. Que
vous en dirai-je ? Toujours les mêmes
choses. Que ce soit le front français.
anglais. belge, italien. s'il n'y a pas
d'action. c'est un vaste et triste désert:
s'il y a quelque action, on ne peut pas
lever le nez hors de la tranchée. et l'on
ne voit rien. sinon des sacs. de la
boue. Pourtant ce Carso présente une
singulière particularité qui me rappelle
nos collines de Provence dans la région de la Durance. Des crevasses. des
cavernes. des conques pleines de ver-

dures, sortes de coupes d'où émerge
une végétation entre des rebords de
pierre. Là-dedans, çà et là, reposent
des troupes, plus à l'aise que dans les
cheminements, mais toujours à la merci
du dracken ou de l'avion autrichiens
qui les repérerait.

A plusieurs reprises, des soldats que
je croise et que je salue me répondent
en français. On s'arrête, on cause. L'un
habitait Paris, avait un petit commerce
que sa femme continue de tenir; un
autre vient de Nice; un troisième tra-
vaillait dans le pays de Briey, chez les
Wendel. Tous se promettent avec joie de
retourner en France; tous parlent avec
admiration de Verdun. Et sur ce mot
de « Verdun », chacun de leurs camarades de s'émerveiller affectueusement.

Si j'essaye de comparer l'ensemble du
Carso à quelqu'une des positions que

j'ai visitées sur la ligne française, c'est avec l'éperon de Notre-Dame-de-Lorette que je crois voir le plus d'analogie. Ces bords de plateaux sont peutêtre encore plus difficiles à conserver qu'à conquérir. Je voudrais comprendre davantage les admirables gens qui vivent dans cette malédiction. Leurs chefs avec qui je cause demeurent d'une manière extraordinaire des Italiens amoureux d'art. Un lieutenant, officier de liaison, me dit qu'il a connu de tout temps ce pays, et qu'il le trouve bien plus émouvant du fait de la guerre.

— Au soir, chaque aspect prend une beauté redoublée : l'horizon qui nous a coûté tant de sang devient rouge.

Je ne me rappelle plus ce qu'il disait encore des tranchées, considérées comme des sillons dans le rocher stérile. C'était tout un poème qu'il m'esquissait de la manière la plus vraie.

Un capitaine me raconte qu'il a vu le clocher de San-Pietro de l'Isonzo détruit par un coup de 305. « Les cloches, me dit-il, ont commencé à tinter. C'était à faire venir les larmes aux yeux d'entendre ce clocher qui sonnait et cherchait la place où tomber sans faire de mal. »

Ils vivent naturellement dans l'art, et dans un art théâtral : leur finesse naturelle associe des traits réalistes, des notes charmantes de vérité, aux plus fortes recherches d'effet.

On me donne à admirer l'histoire d'un aumônier militaire que le roi a tenu à décorer. C'était l'an dernier, dans le début du choléra. Les premiers morts, on les a mis dans de belles caisses de bois, remplies de chaux, et le

soir l'aumônier les conduisait au lieu
réservé à leur sépulture : mais voici
qu'éclata un grand orage, et l'eau étant
entrée dans les caisses, il y eut une
explosion qui les brisa et qui projeta
les cadavres. Alors l'aumônier prit sur
ses épaules ces pauvres corps de cholériques. Mon narrateur insiste sur le
tableau : le tonnerre, les éclairs, cet
homme si effroyablement chargé. Il
ajoute qu'ensuite, pour préserver ce
héros de la contagion, on lui donna à
boire une demi-bouteille de cognac...

Ici j'abandonne l'histoire ; elle finit
en bouffonnerie. C'est le génie de
l'Arioste. L'histoire est théâtrale, pleine
de grands effets, tels que les aiment
nos amis d'Italie, tels qu'ils les trouvent du premier coup, quand nous
aurions à nous y reprendre à plusieurs
fois pour les imaginer ; mais à ce goût

de la surcharge, quelle finesse naturelle ils joignent! Remarquez le trait du début sur la sympathie plus vive que l'on donne à une espèce nouvelle du malheur. Les premiers cholériques eurent des cercueils. L'avoir noté, c'est d'une excellente vérité.

Je faisais ces remarques durant le déjeuner, à la table du général Ciancio, commandant du corps d'armée. Le général Ciancio est député de Piazza-Americia en Sicile. C'est sa division qui a conquis le Carso. Elle est composée de Napolitains. Ils sont montés à l'assaut en chantant leurs hymnes; pendant 42 jours ils demeurèrent dans les retranchements en fournissant une série d'attaques heureuses... Après cela, il faut renoncer absolument à des légendes offensantes sur le manque d'esprit guerrier des

Napolitains. « Ils crient entre eux, me dit un de leurs chefs, ils ont leur conception propre de la discipline, mais les bons soldats ! » Déjà Napoléon Ier avait constitué avec les Italiens méridionaux des divisions braves et fidèles. Disons-le en passant, ce n'est pas de chez nous que venait cette injustice, mais d'antiques rivalités locales opposaient l'une à l'autre les diverses régions de l'Italie. Aujourd'hui la fusion nationale est parfaite, c'est un des effets de cette guerre. Un vieil Italien me dit : « C'est la première fois qu'aucune province ne se moque de l'autre. »

Je regarde, j'écoute ; la nouveauté dispose à sentir les nuances ; avec émerveillement, je retrouve tout vifs cette animation, ce mouvement de l'âme que traduit si divinement le grand art italien. Écoutez encore ce

6.

trait (mais d'abord il faut savoir que les prisonniers autrichiens sont internés dans le pays de Naples) :

Un tout jeune soldat hongrois, saisi dans une attaque, est entraîné vers l'arrière à travers les tranchées. Il est épouvanté, fort ému. Un Napolitain, « qui lui-même, me dit le narrateur, était pris d'une envie de pleurer en voyant ce gamin en larmes », lui dit : « Petit, pourquoi pleures-tu quand tu as le bonheur de t'en aller à Naples ? » Cette rapide succession de sentiments me transporte en esprit au milieu de la *via di Toledo*.

Naturellement, je ne garantis pas mes historiettes. On me les dit, je les répète, et, bien sûr qu'elles se déforment en route, mais on y voit la vivacité, la passion italienne. Au sortir de table, nous entrons à l'ambulance. Peu de blessés, c'est trop près du front. Quelques Siciliens seulement. Ici nous touchons avec respect le fonds commun à toute l'humanité. Toujours cette douceur, cette admirable résignation du soldat.

A la fin de la journée, le roi veut bien nous recevoir.

Prodigieuse simplicité de cette maison des champs au fond d'un petit parc, où quelques officiers, sans aucun faste, assurent le service.

Depuis le début de la guerre, le roi n'a passé que très peu de jours à Rome; il vit au milieu de l'armée, s'associant le plus qu'il peut à ses fatigues. Chaque matin, avec une suite peu nombreuse, il part, visite les positions, est acclamé par les troupes, déjeune d'un repas froid au milieu d'elles et dans toutes ses délibérations fait entrer au premier

rang le désir de ménager le sang de ses
soldats.

Ce qui frappe d'abord, chez ce sou-
verain, c'est la supériorité morale. On
éprouve jusqu'au respect le sentiment
de se trouver devant un esprit tout de
délicatesse et de scrupule. Je voudrais
qu'il me fût permis de reproduire simplement la suite des propos qu'il nous
fut donné d'entendre, pleins de mesure
et de bon sens, où apparaissaient la
bonté naturelle et le profond sérieux
d'un prince qui ne se lasse jamais
d'élargir sa connaissance des choses.

Saisissante figure, bien inattendue
au cœur de cette Italie théâtrale et
pleine de feu. Quand je cherche à me
définir ce que j'ai vu dans cette petite
chambre royale, je songe à cette conception des devoirs princiers dont notre
Louis IX a créé le type incomparable.

et je crois avoir respiré quelque chose
de cette atmosphère que, depuis, le
monde n'a plus revue, atmosphère
inoubliable de courage et de douceur,
d'humilité simple et grande, de mélan-
colie profonde et touchante.

IV

L'ORGANISATION DÉFENSIVE DES LAGUNES.
GRADO ET AQUILÉE RECONQUISES.

Ce matin, 13 mai, nous ne partirons qu'à neuf heures ; avant de monter en voiture, j'ai le temps de visiter Udine.

C'est une petite ville qui plaît d'abord par sa force, par sa vie jaillissant en monuments de tous les âges. Comment ces Italiens du Vénéto sont-ils si riches que de si bien bâtir ? Ils aiment l'ar-

chitecture, ont un besoin d'art décoratif. Au milieu des maisons et des palais qui témoignent du bon goût des
siècles passés, de coûteuses construc-
tions modernes cherchent à se faire
admirer. Ces formes et ces couleurs
perpétuellement variées donnent au
promeneur un plaisir physique, une
espèce de joie, un rajeunissement des
sens. Rues dallées, arcades fermées que
de grandes toiles flottantes et jaunâtres
abritent du soleil, petites salles som-
bres des cafés et des restaurants, vues
rapides au fond des porches sur des
cours intérieures éblouissantes de verdure, jolis profils mats et grands yeux
noirs sur des balcons : c'est l'Italie
heureuse. l'Italie éternelle, où la vie,
comme nulle part ailleurs. est modelée
et peinte. Quand je regarde d'enfilade
une *via* quelconque, je vois des tours

carrées, des jardins, de grands toits bruns, des façades vertes et rouges, des murs tapissés de lierre, d'humbles maisons, des palais, et tout au fond la façade blanchie à la chaux, à la fois théâtrale et familière, d'une douce église où l'antique paganisme respire aux pieds de la Vierge et du Christ.

J'ai vainement cherché sur les autels des églises d'Udine les vierges de Bellini, mais je les ai trouvées en abondance sur le Marché aux Herbes, qui vendaient des fruits, des fleurs. des légumes et des fromages. Les voilà bien, toujours les mêmes, les colombes de Saint-Marc !

Mais les automobiles s'impatientent. Continuant de visiter la partie méridionale des organisations italiennes, nous devons descendre aujourd'hui jusque sur la lagune et parcourir ses

organisations défensives. Nous irons
en bateau sur des horizons charmants,
désolés et fiévreux, où il n'a manqué
que de construire une Venise... Le
programme est parfait. En route !

Belvedere, où le canot à vapeur nous
attendait, est un rivage incertain,
demi-pourri, au ras d'une immense
nappe liquide. Quelques pins de la
fameuse *pineta* de Ravenne s'y sont
aventurés et semblent des parents ac-
courus pour se lamenter d'un éternel
désastre. Nous voilà partis avec un ta-
page effroyable de moteur pour le pays
du silence. Quel décor des époques les
plus misérables du monde ! Nous glissons entre la boue et l'eau. Çà et là,
sur des bancs de sable, quelques peu-
pliers ou des petites maisons de pêcheurs, pareilles à ce qu'elles étaient
au quatrième, au cinquième siècle, plus

pareilles encore au *Pauvre Pêcheur* de Puvis de Chavannes. J'honore en elles au passage l'humble germe de Venise. Et nous atteignons Grado, la perle de ces boues.

Cette charmante petite ville, lumineuse, diaprée, innocente, était hier autrichienne. Tous ses dehors aménagés pour les baigneurs sont assez allemands, mais son cœur, tout en ruelles tortueuses, en boutiques voûtées, en petites places pittoresques, est aimable et précieux dans sa misère comme un coin de Venise. Grado comptait six mille habitants : les Autrichiens ont emmené quatorze cents mâles pour en faire des soldats ou des terrassiers, et n'ont laissé que les vieillards qui demeurent tout le jour assis sur le rivage en regardant la mer.

Autour d'eux, par exemple, voltigent

des nuées d'enfants qui ne s'arrêtent pas de rire. Les patriotes italiens se chargent de les entretenir de si belle humeur. On me mène assister aux repas qu'ils prennent en commun à d'immenses tables. Partout dans l'univers les mêmes scènes; partout des orphelins qu'on ne peut regarder sans avoir des larmes plein le cœur et qui jouent gaiement sur des tombes. Ceux-ci mangent dans un délire de joie leurs gamelles de soupe chaude. « Et nous leur donnons de l'émulsion Scott ». me dit avec orgueil le maire de Grado.

A notre tour. nous allons déjeuner au mess des officiers. comme on dirait en France. A toutes les tables de soldats. qu'ils soient anglais. français. italiens. j'ai trouvé durant cette guerre la même gaité. le même accent d'honneur, le même naturel. Mais les Italiens

ont le plus d'animation. Ces jeunes
officiers nous racontent comment les
Autrichiens abandonnèrent Grado.
« Seules restaient deux femmes terri-
fiées qui coururent se jeter aux pieds
de notre général. — Eh! mesdames,
leur dit-il, que croyez-vous donc que
vous feront nos soldats? Ils vous feront la cour... — Mais, ajoute avec
regret un sous-lieutenant, au bout de
quelque temps, on les a expulsées. »

Tous parlent avec une charmante
amitié de Gabriele d'Annunzio : « Plusieurs fois, il est venu de Venise en
volant s'asseoir à cette place où vous
êtes, et partager notre repas. Avec
nous, il rit, s'amuse, est simple comme
un enfant. » Ils l'aiment et sont fiers
de lui.

A les croire, le dialecte de Grado serait la plus douce variété du dialecte vé-

nitien : « Le vrai langage des femmes, un roucoulement de tourterelles. »

Nous allons visiter l'ouvroir des jeunes filles. Elles sont plusieurs centaines dans les salons du premier hôtel de Grado, toutes fenêtres ouvertes sur la mer; elles tricotent, brodent, cousent, font plaisir à voir, et sur un signe de la religieuse patriote qui les commande, voici qu'elles entonnent les hymnes de la délivrance; elles glorifient les morts de Lissa et reportent sur eux la gloire de la frontière italienne élargie. Ces voix d'une race ressuscitée sont bien attendrissantes.

Je les entendais encore, quelques minutes après, quand d'un haut point de Grado, nos amis nous firent voir Trieste. J'aperçus distinctement un toit largement marqué de la Croix-Rouge des ambulances. Cela me rappelait le

regard que, depuis la colline de Pont-
à-Mousson, j'ai pu jeter sur Metz. Ces
beaux pays et la Lorraine sont éter-
nellement occupés à repousser les
mêmes Teutons, dont ils se font une
même image. Au douzième siècle, je ne
sais quel patriarche allemand s'était
emparé de Grado et y avait installé
douze chanoines. Le doge Michiel II
reprit la ville, fit captifs le patriarche
et les chanoines, et ne les délivra que
sur promesse de payer à Venise, tous
les ans, au jour de Pâques, un taureau
et douze cochons (traité de 1162). Cette
histoire qui enchante Grado plairait
également à Metz ou à Nancy.

Nous sommes remontés en canot et
maintenant le fond vers lequel nous
glissons, c'est le Carso que nous avons
visité hier. Un lourd soleil chauffe le
paysage immense d'eaux, de bois, de

maigres ajoncs. Toujours de rares ca-
banes de pauvres pêcheurs, et puis la
petite ile de Barbana, espèce de terrasse
qui porte un couvent, un clocher, quelques arbres. C'est un lieu mystique, me
dit-on ; je le vois bien sur sa figure ra-
vissante de douceur et d'humilité. Au
soleil couchant, cette ile doit paraitre
une petite Bretonne agenouillée sous
les splendeurs de l'Orient ! J'ai honte
d'avouer qu'à cette minute j'avais ou-
blié la guerre. Bleu du ciel, des eaux,
des montagnes là-bas; immense repos;
pays sauvage de boues, d'ajoncs, de
pauvres paillottes en roseaux. Comment résister aux magies d'une terre
qui réveille chez tous ceux qui l'ont
aimée à vingt ans un sens spécial, le
sens de l'Italie ? J'honorais le berceau
de Venise, et je cherchais dans les fris-
sons et les nuances du miroir un pres-

sentiment de Saint-Marc. Mais voici que des mouettes se lèvent à notre passage, et les suivant du regard, qu'aperçois-je sur le prochain horizon? Un drachen qui surveille la lagune. Il nous ramène à la réalité.

Je m'excuse auprès de mes lecteurs de mettre en forme de leçon ce que j'ai vu et compris, et ce qu'il m'est permis de rapporter des travaux de guerre exécutés dans cette région par nos amis et alliés.

La République de Venise avait mis jadis ses soins et son orgueil à relier entre elles les lagunes par un beau système de canalisation. Aux jours de sa décadence, elle le laissa dépérir. Le Tagliamento obstrua de ses alluvions les voies entre la lagune de Caorle et celle de Marano-Grado. Par suite, toute une région, celle de Marano, bien que située sur territoire italien, se trouva coupée des voies de communication italiennes, ne put entretenir de relations qu'avec l'Autriche et sembla délaissée de la mère patrie. Il en fut ainsi jusqu'à la guerre. C'est une nécessité militaire qui avait provoqué cet abandon. N'était-il pas universellement admis qu'au jour d'une guerre avec l'Autriche, l'armée italienne devrait se porter sur le Tagliamento sans espoir de le franchir, heureuse si elle n'était pas contrainte à reporter sa ligne de défense en arrière, sur le Piave, voire sur l'Adige ? Dès lors, si l'Italie avait en temps de paix établi des voies d'accès facile au Tagliamento, c'eût été non à son profit, mais au profit de l'envahisseur. Tout changea quand les Italiens eurent porté leur guerre bien au delà du Tagliamento, quand tout péril d'une invasion autrichienne de ce côté fut dissipé.

Sitôt le front de bataille consolidé sur l'Isonzo, l'Italie entreprit le grand œuvre de réunir par une ligne de navigation continue Venise, Grado, Aquilée. Les travaux menés avec une magnifique ardeur furent achevés vers la fin de novembre 1915. Trois mois et demi avaient suffi pour que fût établi un large réseau de neuf kilomètres de canaux et de bassins. Sur 6 kilomètres, ces canaux, larges de 22 mètres, peuvent porter des bateaux de 600 tonnes (sur les canaux français ne peuvent circuler en général que des bateaux de 300). De la sorte, Cervignano et Aquilée, définitivement réunis à l'Italie, sont devenus des ports fluviaux tout actifs, tout chargés de l'approvisionnement des armées de l'Isonzo ; et ces profonds canaux relient la mère patrie aux terres déjà rachetées.

Tout en naviguant sur ces voies nouvelles, que les dragueurs continuent de perfectionner, nous visitons, au milieu des marécages, quelques batteries. D'énormes pièces fabriquées par Krupp, mauvaises bêtes enchaînées maintenant, sont prêtes à s'opposer à une attaque par mer ou bien à battre les positions autrichiennes de terre. J'ai vu leurs servants, dans l'intervalle des soins qu'ils donnent à ces monstres, s'occuper à nourrir un rossignol. S'il aime les moustiques, ce petit chanteur peut se régaler. La vie dans ce décor de féerie est simplement atroce. Et la malaria flotte jusque sur Aquilée, qu'elle a toute dépeuplée.

La grande Aquilée où nous atteignons vers le soir n'est plus qu'un petit bourg, mais sa puissance respire encore dans sa basilique. Le lieu est su-

blime par ses proportions. On ne peut
que se taire et chercher à entendre les
croyances qu'exprime un monument
si simple et si grand. Une immense
mosaïque du quatrième siècle se charge
de faire le discours. Elle représente
l'histoire de Jonas, c'est-à-dire de l'im-
mortalité de l'âme, et nous met en plein
au milieu des sentiments de l'Église
primitive. C'est enivrant d'intérêt, cette
pensée qui se déroule dans toute sa
fraîcheur et au milieu de laquelle sont
portraiturés de nobles personnages.
contemporains de Théodore le Grand.

Cette basilique avec ses hautes tours
et ses cyprès, semble d'abord une
tombe. Je veux dire qu'on la croit im-
mobilisée, fixée au moment qui l'a
créée et qu'elle exprime. Eh bien ! non,
un soldat vient d'y déposer une tête de
Christ qu'il a sculptée dans ses loisirs.

L'œuvre a de la virtuosité et même de la vérité. Ce soldat avait vu avec émotion l'expression de ses frères d'armes dans la mort. C'est bien émouvant, ces deux sous de talent et de bonne volonté ajoutés à ce trésor de gloire et de beauté, et dans la rêverie du retour vers Udine, je me surprends à voir là un symbole de la force éternelle qui sommeille dans cette terre privilégiée.

Les peuples sont difficilement intelligibles les uns pour les autres. Le moyen de se comprendre, c'est de s'aimer. Le curé d'Aquilée, don Celso Constantini, directeur de la revue *Arte Christiana*, nous guidait. En principe, je n'entends guère l'italien, mais comme j'aime tout ce que pense ce prêtre artiste et patriote, je n'ai pas perdu un seul mot de son commentaire.

Quel grand pays, cette Italie qui

8

construisait Aquilée quand les Germains ne savaient que faire des ruines, et qui se replace aujourd'hui au premier rang des peuples, par le talent de ses terrassiers et de ses ingénieurs ! Nos compagnons italiens, cet après-midi, sur la lagune, avaient parfaitement le droit de nous répéter ce qu'impriment avec tant de complaisance, chaque jour, leurs journalistes :

— Nos armées, comme les légions de Rome, laissent sur leur passage, non pas des ruines (c'est bon pour les *Tedeschi*), mais des ouvrages de la civilisation... Demain, ajoutaient-ils, quand nous vous mènerons dans les Alpes Carniques, vous verrez quelles routes nos soldats ont construites dans les hautes montagnes et jusque dans les neiges éternelles.

V

DANS LES ALPES JULIENNES. — LES TRAN-
CHÉES DANS LA NEIGE. — UN DÉJEUNER
CHEZ LES ALPINS ET LES BERSAGLIERI.

Ce dimanche matin, 14 mai, à travers
les campagnes semées de mûriers. de
vignes. de villas et dont les cyprès pa-
rachèvent le caractère italien, nous courons vers la haute muraille neigeuse
qui fait le fond de tant de tableaux célèbres. Nous allons visiter les premières
lignes de l'armée italienne dans les

Alpes Carniques et l'un des officiers
qui nous accompagnent veut bien me
donner des explications.

— Vous avez vu, nous dit-il, nos
armées opérant dans la direction de
Trieste ; vous êtes allés sur le Carso.
Rien qu'à regarder la carte, vous vous
rendez compte que nous y sommes exposés à des attaques de flanc et d'arrière venant des Alpes Carniques et du
Trentin. Aussi, dès le début de la
guerre, pour se donner de la sécurité
sur le Carso, où nous engagions la ma-
jorité de nos forces, Cadorna a dû, tout
le long de la frontière, pousser nos détachements dans les hautes vallées, sur
les crêtes. Je ne sais pas si l'on pourra
vous conduire dans le Trentin ; déjà
nos amis connaissaient l'imminence
de l'offensive autrichienne, mais demain vous irez dans les Dolomites et

aujourd'hui nous allons vous montrer
nos postes dans les glaces éternelles
des Alpes Juliennes.

Tout en causant ainsi, nous admi-
rions dans la campagne mille détails
dignes de la Toscane : sur une colline,
une tour carrée avec loggia : à la sortie
d'un village, une madone peinte dans
un encorbeilement très pur : puis la
charmante bourgade de Gemona, tapie
comme dans un nid dans un giron des
Alpes. Nous rejoignons le large et grandiose Tagliamento. A Venzone, une
église et une maison municipale, réus-
sites d'art qu'on est émerveillé de trouver dans un endroit si modeste, nous
obligent, dussions-nous nous mettre en
retard à descendre de voiture.

Dans ce pays, la guerre ne parvient
plus, comme elle fait en France, à occuper seule nos esprits, et pourtant, de

tous côtés, des baraquements pour soldats nous ramènent à l'idée essentielle.

Maintenant nous remontons la vallée
de la Fella, et la sauvagerie commence
a se mêler à la grandeur. Voici Poggio
Udinise, église, couvent et terrasse,
noble ensemble italien exposé sur un
mamelon, au-dessus du fleuve, au-
dessous des montagnes. Je cherche à
dégager d'un trait le caractère du paysage, au long de cette route de Vienne.
Bordée de cytises en fleurs, elle semble
un adieu de l'aimable Italie que l'on
quitte pour entrer dans les sapinières
du Nord. Au milieu d'éléments connus,
chatoye un mystère nouveau. C'est une
beauté composite où semblent se mêler
deux voix. Deux voix ? non pas : la
carte du pays et ces noms de lieux italiens, allemands et slaves, invitent à
découvrir trois veines, trois génies.

trois amours dans ces frontières dispu-
tées.

Il pleuvait à verse, quand nous arri-
vâmes à Chiusaforte où s'ouvrent le
val de Raccolana et la route militaire
audacieusement poussée vers les cimes
à travers ces sauvages solitudes.

Forêts, immenses falaises, noirs abîmes, cascades, chacun de nous depuis
le début de la guerre vous entendit
maintes fois nommer. Il est tout le
temps question de cette route dans les
communiqués italiens. Comment nos
amis ont maintenu la possession de
leurs frontières contre les attaques per-
sistantes de l'ennemi qui veut pénétrer
dans cette haute région, et de là les
menacer de flanc : comment leurs tirs
d'artillerie, leurs hardies incursions
d'infanterie ont troublé les communications autrichiennes le long des val-

lées du Gail et du Haut Fella : comment ils ont détruit le fort Hensel et endommagé le fort du Predil, puis sur le haut Isonzo conquis la conque de Plezzo jusqu'aux pentes du Monte-Rombon et occupé en partie le massif de Monte-Nero : vous en trouverez tous les détails, toutes les précisions sur les cartes et dans les documents imprimés. Si je puis vous servir, c'est pour vous donner le sentiment des efforts dépensés par nos amis. J'ai respiré quelques minutes le climat de leurs hautes tranchées. Montez avec nous dans l'automobile qui gravit les audacieux lacets d'une route où des nuées de terrassiers achèvent de travailler.

Ici serpentaient quelques rares sentiers de chasseurs et de contrebandiers. Les premiers convois de mulets qui s'y hasardèrent sentirent le terrain céder sous leurs sabots et glissèrent dans l'abîme au milieu d'une avalanche de cailloux. Y faire passer de l'artillerie lourde ? Les Autrichiens ne soupçonnaient pas que le projet pût être conçu. Aujourd'hui, écoutez le chant de triomphe que Luigi Barzini dédie à la route carrossable du val de Raccolana :

« Il semble que la route monte à l'assaut : elle passe d'un flanc à l'autre, avec ce serpentement ascendant, rétréci et fou, qui est celui de certaines fusées. Elle monte, monte encore, taillée dans le roc : elle s'accroche à de véritables murailles : sur certains points, elle semble de loin un zigzag tracé sur un mur gigantesque. Nul parapet encore : à peine est-elle plus large que la voiture, dont les roues, habilement guidées, laissent leurs traces à quelques centimètres de l'abîme. En se penchant.

on aperçoit le scintillement vif de l'eau,
qui jaillit au bas, dans l'ombre, parmi
les roches lavées, autour desquelles elle
met d'effervescents colliers d'écume.
Les lacets parcourus peu auparavant
sont là, sous nos pieds, à pic, bien
loin de nous. Derrière ou devant nous,
la route semble toujours trop étroite
pour qu'on y puisse passer, et l'on a
l'impression qu'on va être d'un moment à l'autre projeté dans le vide : à
chaque détour, elle échappe au regard,
disparaît ; ce n'est plus qu'une entaille
au delà de laquelle il n'y a plus rien... »

Étrange guerre ! On est tout au ver-
tige des abîmes, aux splendeurs d'un
paysage à la Manfred, à la curiosité de
ces « marches-avant », « marches-ar-
rière » que chaque tournant nécessite,
et voici que des ennemis, que nous ne
voyons pas plus qu'ils ne nous voient,

prétendent expédier par-dessus ces
sommets de glace, par-dessus les ai-
gles, des obus dont ils ne sauront
jamais l'effet... S'ils parviennent à
briser ce mince sentier, à rompre cette
corde qui asservit la montagne, ce n'est
plus la peine de s'étonner des Indiens
de Gustave Aymard qui coupent avec
une carabine, à deux cents mètres, les
liens d'un prisonnier attaché au poteau
de guerre... Nous abandonnons la voiture pour faire taire ce bruit de moteur
qui s'en va au diable appeler l'attention
des artilleurs autrichiens, et nous che-
minons sous la pluie, à travers la
neige, les rochers et les maigres bois
de sapins.

Voici quelque chose d'étrange, quelque chose qui semble un compromis
entre nos petites tonnelles de banlieue
et les villages nègres, quelque chose de

gai comme les kiosques de jardin et de sinistre comme les temples de Moloch. C'est un camp sous les sapins et le brouillard. De grandes nuées flottent accrochées dans les arbres : les hommes sont terrés dans des abris tout noirs ; les élèves aspirants étudient dans une petite classe, si sombre que j'ai peine à distinguer les livres ouverts sous leurs yeux...

Nous poursuivons notre route, en nous défilant, jusqu'à la première ligne.

Là, devant nous c'est l'espace neutre, un terrain brutalement déboisé. D'immenses sapins abattus gisent pêle-mêle au milieu des fils barbelés. Tout pourrit, tout se tait, tout menace. Vaste glacis d'épouvante, le plus large et le plus blafard que j'aie vu ; vraiment un lieu sans espérance.

Et sans interruption. au fil des crêtes inaccessibles. se développe l'immense travail poursuivi à travers la plus dure saison. sous le feu tâtonnant de l'ennemi.

En revenant sur nos pas, nous rencontrons au milieu des arbres. un petit autel décoré de branchages et tout planté de plusieurs centaines d'images de piété. Un soldat de Syracuse avec qui je cause me dit que ses camarades les viennent placer là en faisant des vœux. Que ne puis-je entendre ces supplications ! C'est peu de voir les décors; on voudrait connaître les âmes.

En voici l'occasion. Nous avons l'honneur d'être invités à la table que président le colonel de ces alpins et le colonel de ces bersaglieri. entourés de leurs jeunes officiers. C'est au milieu des neiges une baraque en bois. aux

étroites fenêtres. Là-dedans un poêle
qui ronfle, une table en fer à cheval,
des bancs, des petits drapeaux italiens
et français, un appétit, une gaieté, le
bruit du bombardement ! Ah ! les charmants soldats ! d'une fantaisie, d'un
ressort, d'une vivacité ! si prestes, si
jeunes ! et tous d'une finesse !

Je note des morceaux de dialogue.

— Vous admirez notre route ? Elle
était nécessaire. Vous connaissez l'histoire du Petit Poucet. Il mettait derrière lui des cailloux blancs : il voulait
avoir son chemin bien tracé dans son
dos. Les soldats sont des Petit Poucet ;
pour qu'ils avancent, il leur faut derrière eux un chemin bien organisé.

— Vous demandez ce que nous fai-
sons ici ? Nous y sommes pour voir,
pour battre l'artillerie ennemie qui est
de l'autre côté, pour nous protéger et

nous mettre un peu au large. Vous pensez que nous prenons des sommets qui ne permettent d'aller à rien ? Alors pourquoi nous les prenons ? Pour boucher les yeux de l'adversaire et pour avoir nous-mêmes des regards plus nombreux.

Et ce bout de dialogue avec un tout jeune sous-lieutenant :

— Vous êtes bien, ici ?

Il rit, d'un air parfaitement heureux, mais qui laisse voir une arrière-pensée.

— Qu'est-ce qui vous manque. Vous avez un colonel qui est un père.

— Un père, c'est vrai ; mais je voudrais embrasser ma mère.

— Et puis quoi ?

— Je voudrais embrasser une jeune fille.

— Toujours la même ?

— Non, toutes les jeunes filles.

Il nous fait le portrait de celle qu'il préfère, et ne manque pas de noter qu'on dirait une Parisienne.

Si vous ne les trouvez pas aimables, dites-vous que c'est la faute du peintre. Ils sont vrais, spontanés, pleins de familiarité et de feu. Ce serait bien tentant de faire un parallèle entre les jeunes officiers français et italiens, mais même en me bornant aux jeunes gens, je craindrais de paraître prendre trop de liberté. Pour m'en tenir à l'essentiel, il me semble que l'Italien a une aisance, un abandon qui ne se trouvent pas chez un lieutenant français tout ramassé, concentré dans la forme militaire, et marqué par l'âpreté d'une longue guerre. Ici chacun suit davantage l'impulsion de sa nature propre. Nulle tristesse d'ailleurs d'une vie singulièrement dure pour les enfants d'un climat divin. Pensez à des citoyens de Syracuse logés à quinze cents mètres dans des trous de neige ! Et puis Verdun les remplit du plus amical enthousiasme. Quand on les quitte, on quitte des amis, et l'on fait sincèrement le rêve de retourner à la Villa Nevea.

VI

UNE JOURNÉE AUTOUR DE GORITZ.
LES VILLAS DU VENETO.

Voici déjà plusieurs semaines de
cette promenade et maintenant, quand
je me la rappelle, il me semble qu'on
m'a conduit de palais en jardins pour
me permettre d'entrevoir de loin une
princesse prisonnière que les chevaliers,
tout un peuple, ont juré de délivrer.

La captive est bien gardée. D'abord
un large fossé, l'Isonzo, de l'autre côté.

un haut mur, la montagne, tantôt à
pic sur le fleuve, tantôt à quelques kilomètres en arrière. Où qu'on veuille
franchir l'Isonzo, on rencontre cette
barrière, très haute, escarpée, impo-
sante. La forteresse pourtant a une
porte, la vallée de Vipacco. C'est là
qu'est Goritz, Gorizia, comme disent
nos amis. Mais pour garder cette porte,
la nature s'est faite complice des Autrichiens : elle a placé en avant les
brusques hauteurs du Podgora, aux-
quelles s'attachent un fouillis de collines, puis le mont Sabotino, sombre,
imposant. Tout ce système de crêtes,
j'allais dire tout ce cortège de doua-
nes, est armé à outrance et surveille l'horizon.

Aussi que de précautions dans nos
approches ! A travers ce charmant
Frioul, radieux de soleil et de pluies

printanières, nous sommes allés de
villa en villa rejoindre des chefs qui
nous menaient dans leurs observa-
toires, d'où nous apercevions, toujours
par des judas, en écartant des roses et
des jasmins, quelque nouvel aspect de
la ville désirée.

Mais je perds le ton d'un récit de
guerre. C'est la faute de ces pays d'en-
chantement. Appliquons-nous à prendre une manière plus desséchée.

En quittant Udine, le matin du
15 mai, nous avons d'abord traversé
Cividale où, sur la haute rive du Natisone, repose, dans une position sauvage, une petite salle byzantine, toute
précieuse, dont la partie basse est boisée
en style rococo. C'est absurde, et c'est
d'une grâce! J'admire les Italiens de
respecter ces assemblages que les
siècles ont composés au mépris de

toute logique et qu'il serait déraison-
nable de vouloir ramener à l'unité de
style. Je les admire, je les envie, je les
propose en modèle. Aucun d'eux, jamais, fût-ce d'un souffle, n'a détérioré
la parure de son pays. Quand je vois
avec quelle intelligence, sans rien de
trop, en laissant à la beauté toute simplicité et familiarité, l'Italie préserve
les monuments de son génie religieux,
je songe avec horreur aux méchants
que je n'ai pu convaincre d'épargner
les petites églises de France.

Le sens de l'art décoratif est répandu
chez les Italiens avec une prodigalité
dont nous n'avons en France aucune
idée. Je m'en suis assuré en visitant les
divers chefs de leur armée. De même
que chez nous les états-majors habitent
souvent des châteaux de village, leurs
généraux sont amenés à se loger dans

les plus agréables villas du pays vénitien, et ainsi, sans m'écarter du programme qui m'était tracé, j'ai pu étudier ce qui subsiste des cassines italiques
et de leurs délices. « Et là je trouvai
les plus beaux lieux du monde, belles
galeries, belles prairies, force vignes
et une infinité de cassines à la mode
italique par les champs plein de délices. » Ainsi parle Rabelais. Il semble
définir le pays de Goritz.

Près d'Ipplis, le général Garioni habite au milieu d'un parc une petite maison dont les chambres sont ornées de
fresques encadrées dans des stucs, les
parquets peints et les plafonds formés
de poutres apparentes. Des arbres par-
fumés s'inclinent sur une terrasse où
l'on voudrait relire l'Arioste. C'est un
séjour, comme ceux que le poète remplit de fées et de chevaliers, mais les

fées se cachent et les chevaliers font
sonner la trompe de l'automobile. En
route pour le Corada.

Nous sortons de la vieille Italie et
dans le moment où nous entrons sur
le territoire reconquis nous longeons
les baraques où a flotté le drapeau jaune
du choléra. Aujourd'hui c'est fini et le
mal vaincu a dû abaisser son sinistre
pavillon. Tout autour s'étend un paysage puissant et joyeux, rempli d'épaisse
verdure. La plus humble maison a son
berceau de roses et sa treille de vigne.

La route s'élève dans des sites vos-
giens. Elle a été construite en 40 jours
pour porter au Corada l'artillerie lourde,
et d'innombrables casseurs de pierre
continuent à la solidifier. Les Italiens
ne cessent d'insister sur ce genre de
travaux qu'ils multiplient dans la zone
de guerre et auxquels ils excellent.

« Voyez, disent-ils, quand la charrue ramène au jour un marbre sculpté, une mosaïque, une dalle de route, on dit aussitôt : c'est que Rome a passé là. Un pont, un chemin, un amphithéâtre, un temple, un port, voilà les merveilleuses traces des légions romaines. Et nous sommes toujours les soldats de la civilisation. »

Du Corada, nous apercevons l'Isonzo, large et caillouteux, puis en arrière, sur une colline de sapins, le château de Goritz avec la ville au pied.

— Prenez cette lunette. Distinguez-vous les maisons ? Un peu à l'écart, ce grand bâtiment d'une blancheur éclatante, c'est le couvent de Castagnevizza qui contient les tombes de Charles X et du comte de Chambord. Cette branche vous gêne, mais en même temps elle nous masque. Les Autrichiens sont en face. Attendez, d'ailleurs, nous allons nous rapprocher.

Et la course continue. Nous voici maintenant sur les montagnes, au-dessus de la vallée sauvage du Moyen Isonzo, et c'est vrai que d'ici Goritzia est plus belle. Cette grande tache blanche avec toit rouge, au delà de la ville, c'est le couvent des Franciscains et les tombes de nos rois, et sur la droite s'étendent la lagune, puis la mer, bleuâtre à l'extrémité de ce bleu.

La position parle toute seule. Les Autrichiens occupent, en arrière de la ville, ces hauteurs d'où ils peuvent l'écraser.

— Dès maintenant, me dit un officier, nous pourrions nous jeter dans la ville : par la plaine, nous en sommes à 1.200 mètres, et en dépit du fleuve, la difficulté serait moyenne : mais comment y rester ? Il faut de toute nécessité prendre d'abord les hauteurs. Nous y travaillons, et déjà nous occupons en grande partie le Podgora.

Quand nos amis occuperont tout le Podgora, ils posséderont un incomparable observatoire d'artillerie, et pourront commencer le nettoyage des hauteurs autrichiennes. Mais en outre il leur faudrait le Sagrado.

— Pourquoi n'irions-nous pas tout de suite au Podgora ?

— Cet après-midi, on pourra vous conduire dans cette direction; mais il fallait vous montrer d'abord ces collines qui sont si belles... Ah ! si vous les aviez vues au début de la guerre, avant que nous eussions ouvert des tranchées ! Nous avons ruiné des merveilles.

A une heure, déjeuner au quartier

général de la division, chez le général comte Ruggeri-Laderati, figure bien caractéristique de gentilhomme, de diplomate et de soldat, et puis en route, derechef.

Nos voitures courent à travers une plaine battue de tous les côtés, au milieu des villages déserts et des champs rendus à la plus luxuriante sauvagerie. C'est la route de Goritz, et nous courons vers le fameux Podgora, tout rouge au milieu des collines de vignes.

— Comme il est sanglant, me dit un Italien : il a coûté tant de milliers d'hommes !

Nous avons pénétré dans une villa abandonnée, et, cette fois, c'est du milieu d'un jardin parfumé, fleuri, chantant, que nous observons Goritz, dont nous ne sommes plus qu'à 3 kilomètres. Les fleurs et les arbres s'enivrent de liberté; les oiseaux tapagent, et les jeunes Italiens, étendus dans les hautes herbes, qui seules nous cachent aux batteries ennemies, se laissent aller au plaisir de se raconter.

Un tout jeune officier décrit une visite qu'il a faite de nuit aux premières lignes : de part et d'autre, Italiens et Autrichiens échangeaient des coups de fusil, s'interpellaient, soudain, le rossignol se mit à chanter, et un grand silence s'établit.

Un tel sentiment de la guerre serait impossible en France. Il offenserait et d'ailleurs semblerait pédant. Ici, il s'accorde avec ce prodigieux décor de volupté, et paraît bien sortir tout naturellement du fond des êtres. Je songe à ces motifs décoratifs issus de l'Orient que j'ai vus dans la crypte d'Aquilée, et j'admire de retrouver leurs enlacements de roses et de rossignols dans la pensée de ce jeune officier.

Vous aimeriez, j'en suis sûr, que je m'élève dans la hiérarchie des êtres et que je vous aide à connaître l'esprit de ceux qui mènent le combat. Je n'ai pas le droit de vous retracer les propos, non plus que de vous faire le portrait des chefs dont j'étais l'hôte. Voici pourtant quelques sentences que j'ai copiées, ce jour-là, dans un observatoire d'artillerie. Disposées d'une manière fort agréable, elles décoraient les murs et se proposaient à la méditation des officiers et des soldats :

Les obstacles sont les faillites de la volonté.

Moi et le temps, nous viendrons à bout de tout.

Où il y a de la volonté, il y a un chemin.

Des obstacles sont en fuseaux. (C'est-
à-dire, n'est-ce pas, croissent et décrois-
sent, sont tour à tour amincis et ren-
flés.)

Après avoir indiqué ce qu'il y a chez
tout Italien de la manière de Gabriele
d'Annunzio, il fallait montrer ce qu'il
y subsiste de Mazarin, pour que nous
ne perdions pas de vue qu'un d'Annunzio et un Mazarin s'accordent, s'harmonisent, sont faits du même métal
comme les deux faces d'une médaille.

VII

CHEZ LE GÉNÉRAL CADORNA

Le 15 mai, sur la fin de l'après-midi, après notre excursion autour de Goritz, nous avons été reçus au *Comando Supremo* par le général Cadorna. Depuis notre arrivée dans le Frioul, le général avait été absent. Ce même jour, il revenait du Trentin. Nous étions heureux d'approcher l'homme auprès de qui, à cette minute, on peut le mieux connaître ce que peut l'Italie.

D'après la Constitution, le roi commande l'armée. Le général Cadorna porte simplement le titre de chef de l'état-major général : mais cette armée, c'est un outil qu'il a façonné, forgé, épuré, l'on peut dire créé. A toutes les époques et dans tous les pays, le chef militaire, s'il n'est pas en même temps le chef politique, doit se battre sur deux fronts. A l'avant et à l'arrière. Entendons-nous, je veux dire qu'il doit persuader les hommes du pouvoir civil de lui donner ses commodités pour vaincre les ennemis, en même temps qu'il fait face à ceux-ci. Cadorna, d'une vieille famille militaire, impétueux et qui n'y va pas par quatre chemins, plaît à son roi, honnête homme qui aime les honnêtes gens, et s'impose à toute la nation par l'autorité que toute l'armée lui accorde.

Dans la pièce de rez-de-chaussée où nous avons été immédiatement introduits, nous avons trouvé le général Porro, sous-chef de l'état-major général, à la table de qui nous avions déjà eu l'honneur de nous asseoir. Il y avait là aussi notre très distingué et très agréable confrère, M. Albertini, directeur du *Corriere della Sera*.

Le *Corriere* est un journal de nuance conservatrice, mais si bien fait que tous les partis le lisent. Son action a été décisive dans la période des incertitudes qui précédèrent cette guerre. S'il était raisonnable de chercher à ramasser en quelques noms une histoire si complexe, je dirais : Albertini a fait l'éducation de l'esprit public ; les Garibaldi ont engagé les événements d'une manière qui ne permettait plus de reculer ; Annunzio a

tout précipité, tout paré de beauté.
Quand le roi appela Albertini à siéger
au Sénat, le prince de Bülow fit un
formidable effort pour que la haute
Assemblée ne ratifiât pas ce choix;
mais la tentative du corrupteur allemand ne réussit qu'à offenser et irri-
ter davantage les patriotes italiens.
Nous avons été heureux d'exprimer
toute notre amitié à Albertini.

Le général Cadorna prévenu n'a pas
tardé d'arriver. Ce qui frappe d'abord
en lui, c'est l'expression de fermeté et
de bienveillance.

La conversation générale roula sur
les visites que nous venions de faire
au Carso, à travers la lagune de Grado, en Carnie, autour de Goritz, et
puis longuement sur Verdun. L'un de
nos hôtes nota comme une opération
inévitable et utile que les Français

avaient dû reculer de quelques kilomètres avant d'engager à fond la bataille défensive. Mais je m'abstiens
de rapporter notre entretien, encore
qu'un Cadorna ne dise que ce qu'il
accepterait que l'on redit. L'intérêt de
notre audience se trouve en dehors
des mots, dans l'atmosphère de bel
ordre, de confiance et de sérénité qu'on
respire au grand quartier général et
dans la courtoisie, le calme du Chef
qui voulait bien nous donner une part
de son temps dans cette après-midi
du 15 mai.

Le 15 mai après-midi ! Remarquez
cette date et cette heure. C'est l'instant
où les Autrichiens, après une canonnade terrible, commencée le 14 au
matin, lancent, de l'Adige à la Brenta,
leurs attaques d'infanterie.

Cadorna les attendait. Depuis des

mois il les voyait masser des troupes dans le Trentin. En vain, au début de mai, avaient-ils tenté de l'égarer par une violente attaque contre Monfalcone, sur l'Adriatique. Il n'avait voulu voir dans cette diversion sur sa droite que la preuve d'une agression imminente sur sa gauche, et quittant l'Isonzo, il avait en personne gagné le Trentin.

Mais si la manœuvre des Autrichiens était prévue, peut-être que la puissance de leurs moyens dépassa toute attente.

Le camp retranché de Trente a la forme d'un bastion dont l'angle extrême n'est séparé de la plaine italienne que par une distance de 15 kilomètres à vol d'oiseau. La ligne en est jalonnée de forts, distants l'un de l'autre de 2 à 3 kilomètres et placés à des altitudes qui dominent la mince bordure de montagnes laissée à l'Italie. Depuis un°an de guerre, les avant-postes italiens s'étaient poussés peu à peu jusqu'au pied de ces forts et, avec de grosses pièces hissées dans la montagne, ils en avaient battu et fracassé les coupoles. Les forts depuis de longs mois ne répondaient plus. La montagne autrichienne faisait la morte : elle ne l'était pas. Dans ces cavernes transformées en casemates, l'ennemi avait amassé peu à peu une formidable artillerie, deux mille canons de tous calibres, c'est-à-dire rien moins qu'un canon tous les cinq mètres, parmi lesquels plusieurs mortiers de 420.

Le 14, au matin, ils commencèrent leur canonnade d'une effroyable intensité. Le 15, après-midi, elle cessa : et l'infanterie s'élança à l'assaut des po-

sitions italiennes bouleversées. C'était
l'heure où le général Cadorna nous re-
cevait. Sans nul doute, il avait déjà
conclu à la nécessité de rompre largement pour soustraire ses troupes à un
ouragan d'explosifs et pour n'accepter
le combat que sur des positions favorables.

« Les Autrichiens ne pourront pas
amener avec eux en montagne cette
formidable artillerie qu'ils ont passé de
nombreux mois à mettre en position.
Ce seront leurs colonnes qui dès lors
tomberont sous le feu de nos positions
défensives. » Ainsi raisonne le général
et là-dessus il établit les lignes géné-
rales d'une nouvelle action. Mais dans
l'intérieur de ce plan, que de circonstances peuvent intervenir ! S'il
vient d'apprécier les forces de l'ennemi en artillerie, il ne peut pas en-

core se faire une idée certaine des forces d'infanterie dont il commence à supporter le choc. Il ignore sans doute ce qu'aujourd'hui nous savons : que l'Autriche a concentré en face de lui trente-huit divisions d'infanterie dont dix-huit entre l'Adige et la Brenta : que ces dernières ne comprennent que des troupes d'élite rompues à la guerre de montagne ; que dans chaque bataillon l'effectif a été porté à mille hommes. et le nombre des mitrailleuses élevé de huit à trente-deux ; que certains de ces régiments d'infanterie possèdent des canons spéciaux de 42 millimètres traînés par des chiens. Et puis. fût-elle la meilleure. sa décision ne manquera pas de soulever de l'émoi dans le peuple. des critiques chez ses rivaux et des intrigues dans le Parlement. Il prend ses responsabilités et nous ne voyons de cette heure tragique que le calme impénétrable du chef.

On servit un goûter, puis nous sommes passés dans le jardin où quelques photographies furent faites.

Le général Cadorna s'intéressait avec une parfaite courtoisie à connaître l'emploi de nos journées et si nous étions satisfaits des itinéraires que l'on nous avait ménagés. Les sentiments que nous exprimions pour les troupes que nous avions vues et pour les difficultés du terrain, il répéta à plusieurs reprises qu'il les écoutait avec une vive satisfaction. C'était un hôte courtois ? Non pas, c'était un chef recevant des alliés et tenant son rôle de réservoir de confiance.

Le calme de Cadorna et de Porro, leur courtoisie, leur liberté d'esprit tandis que dans cette crise, après avoir avisé au mieux à la situation, ils nous donnaient l'audience qui avait été fixée à l'avance et qu'il n'eût pas été sans inconvénient de décommander, demeurera dans ma mémoire comme une leçon exemplaire.

C'est une belle faculté de savoir se distraire des idées les plus obsédantes pour accorder quelque attention à des soins secondaires ; c'est également une belle faculté de savoir supprimer en soi beaucoup de sentiments et d'émotion qui ne servent de rien : ce gouvernement de soi-même compose en partie le génie d'un chef suprême qui doit voir les choses dans leur réalité crue et nue, et cependant rester impénétrable, afin de propager, toujours et quand même, autour de lui, une confiance favorable à l'action.

En quittant le *Comando Supremo*,

nous nous sommes rendus à une réception que nous faisaient l'honneur de nous offrir les députés et les sénateurs du Frioul. La plus entière sécurité patriotique y régnait, qui s'exprima dans les discours qui nous furent adressés aussi bien que dans la réponse, de tous points parfaite, de Barthou. C'est dans de telles circonstances que l'on mesure la vertu de la sérénité des chefs, combien il est utile et nécessaire que les chefs soient des faiseurs de calme, dans une guerre où les vicissitudes nécessairement seront nombreuses et où les paniquards, dénonciateurs, vociférateurs, avec leurs à-coups, ne servent qu'à relever le moral de l'ennemi et à gêner ceux qui sont chargés de la défense nationale.

VIII

DANS LE CIEL DE LA PETITE VILLE. — LES MAGASINS MILITAIRES. — LES DOLOMITES. — AUTOUR DU LAC DE MISURINA.

Ce matin, à quatre heures, des appels de sirène, une deuxième, une troisième détonation formidables réveillent la petite ville d'Udine. D'un bond je suis à la fenêtre. Les batteries de la défense ouvrent joyeusement un feu infernal. Dans les rues flotte encore un peu de nuit, mais là-haut, l'im-

mense azur resplendit de jeunesse. Où
sont-ils les avions d'Autriche ? Les
touffes légères que forment dans le ciel
les projectiles qu'on leur lance par
viennent à me les désigner. Un, trois,
cinq, huit, j'en compte une dizaine,
disposés en deux constellations. Quelques fenêtres, çà et là, s'entr'ouvrent.
Sur la place, des curieux apparaissent
qui, à chaque détonation, s'éparpillent
en courant sous les arcades. Mais soudain voici la maréchaussée du ciel.
Du lointain, à tire d'ailes, accourt la
bande minuscule des avions italiens.
C'est grandiose, cette faiblesse poursui-
vant le crime. Rudes petits oiseaux à
cervelle humaine ! Udine qui les voit
et les aime multiplie ses tirs. L'immense azur, à toutes les hauteurs, est
semé de flocons lents à se dissiper.
Mais rien ne dégringole.

Dans la ville bombardée, je distingue des points de rumeur. Des pompes à incendie passent à grand fracas, puis des voitures d'ambulance, un enfant blessé autour de qui tourbillonnent d'autres enfants. Mais là-haut, c'est toujours le grand ciel bleu marqué de touches légères de craie. Les avions ont beau faire deux kilomètres à la minute, ils n'en semblent pas moins immobiles. Est-il possible qu'un spectacle si nouveau, d'un si prodigieux intérêt, dans un décor d'entre ciel et terre, ennuie si vite? En moins d'un quart d'heure, je ne songe plus qu'à me rendormir.

À sept heures, le général Porro, avec une bonne grâce dont nous sommes profondément touchés, vient à cheval, comme par hasard, s'assurer que ses hôtes sont intacts. Il nous donne des nouvelles précises. Quelle niaiserie de massacrer à grands frais quelques civils désarmés. S'il était nécessaire de chauffer l'idée de la guerre dans ces régions, les Autrichiens s'en chargeraient. A huit heures, quand notre petit groupe sort d'Udine, il me semble que la population salue les Français avec plus de sympathie encore.

Nous partons pour les Dolomites. Notre chemin, au début, c'est celui que nous avons pris l'avant-veille pour aller déjeuner avec les alpins à la Villa Nevea. En cours de route, dans un cirque de hautes montagnes, nous trouvons des baraquements, les magasins du corps d'armée de la Carnie. On nous invite à les visiter, comme chaque jour — mais je crois inutile de rien préciser — nous avons fait dans les diverses armées où nous circulions.

Boulangeries à mon goût. le pain des soldats italiens vaut mieux encore que le nôtre et que celui des Anglais). approvisionnements de chaussures. de lainages et de tous vêtements : grands parcs où s'entassent les sacs à terre. les fils barbelés et le reste : ateliers de réparations : voilà peut-être où l'on peut le mieux juger la force de résistance d'un pays en guerre. Les chefs italiens aiment à faire voir ces richesses et ce bel ordre; ils n'en cachent pas leur fierté.

Sans doute. ce ne sont pas là les immenses docks que j'ai visités interminablement à l'arrière des armées anglaises! Mais nul pays n'a les ressources de la Grande-Bretagne. et le soldat italien n'a pas les besoins du Tommy. En moins d'un an. nos amis les Italiens ont fait. dans la mesure

nécessaire, aussi bien que personne.
Tout était à créer. Ce pays, avant cette
guerre, ne connaissait pas le service
militaire général, bien qu'il existât en
principe, parce qu'en fait on ne mettait dans l'armée qu'une partie du con-
tingent. Au mois d'août 1914, les magasins étaient encore vides de la guerre
de Libye; l'artillerie, dépourvue de ses
pièces essentielles de tous calibres; la
cavalerie, sans chevaux: l'infanterie,
sans munitions. En neuf mois de travail, Cadorna tira de ce chaos des
troupes de choix.

Une vraie richesse pour l'armée italienne, c'est l'abondance et l'excellence
de la main-d'œuvre dont elle dispose.
Les terrassiers italiens sont les premiers du monde. Le général Sanna,
maigre, haut, bronzé, un Sarde de Ca-
gliari, qui commande une division ca-

labraise, me disait que ses hommes construisent les baraquements avec une habileté extraordinaire, parce qu'ils sont du pays des tremblements de terre.

A quelque race qu'il appartienne, un chef de magasins s'attache aux richesses qui lui sont confiées, et tend à ne plus vouloir les lâcher. Je crois que, si j'avais été dans l'intendance, je serais tombé dans ce travers. J'ai beaucoup admiré cet officier italien qui me disait : « J'ai là des vaches pour la nourriture des troupes; mais, avant de les abattre, je veux qu'elles me donnent des veaux. » Quand nous sommes passés, il se préoccupait de trouver des taureaux, afin de constituer un magnifique troupeau à l'armée, et parce que la viande du veau est plus agréable au soldat que celle de la vache...

Après avoir remonté le Tagliamento

jusqu'aux neiges qui lui donnent nais-
sance, au travers d'admirables paysages, où nous croisons de jeunes régiments et de beaux mulets chargés de
sacs, nous sommes passés de la Carnie
en Cadore.

Pieve di Cadore est la patrie du Titien. Sur sa maison natale nous lisons :
« *A Titien qui par l'art prépara
l'indépendance de sa patrie.* » Voilà
qui grandit de la manière la plus vraie
le rôle des artistes. On peut se nourrir
d'une telle pensée non pas toute la
journée, mais toute la vie. Je crois
qu'elle m'a distrait de regarder les détails de la route, l'une des plus belles
pourtant qu'il y ait dans le monde. Il
faudrait la suivre à pied pour sentir
pleinement cette perpétuelle alliance
de grâce et de sauvagerie. Des mélèzes,
des sapins, un ciel d'azur, d'immenses

solitudes et de toutes parts des montagnes extraordinaires, bien que pareilles les unes aux autres. Ce sont des pyramides, mais auprès d'elles la pyramide de Chéops semble une réduction d'étagère. Coiffées de glace, elles descendent presque à pic d'une hauteur de trois mille mètres dans les verdures des vallées. La nature, qui s'est préoccupée de les sculpter, a voulu aussi les peindre. Leurs grandes surfaces planes sont striées de rose.

Après un long trajet au milieu de ces belles étrangetés et convulsions de la montagne, nous sommes arrivés dans un merveilleux coin de verdure et de luxe, dans la petite cité de Cortina d'Ampezzo, qui n'est qu'une touffe de villas et d'hôtels. Les étrangères qui s'y pressaient se sont envolées comme des perdrix quand les coups de fusil retentirent, mais le décor de leur vie élégante subsiste et les vieux musiciens qui égayaient le déjeuner où les officiers voulaient bien nous accueillir n'étaient-ils pas un débris de ces troupes de tziganes qui, aux jours heureux, remplissaient de leurs flons-flons ces hôtels cosmopolites ? Ils nous jouèrent les airs nationaux d'Italie, de France, d'Angleterre, de Russie, de Serbie : les plus jeunes d'entre eux avaient pris le fusil et rompu leur mariage avec l'Autriche. « Si ta femme est méchante, apprends-lui la chanson : voici comme on la chante avec un bon bâton. Flon-flon. »

Après déjeuner, vous devinez bien que nous sommes allés au Passo delle Tre Croci et au lac Misurina, lieux célèbres dans tout l'univers par leur beauté. Là encore, les bâtiments des hôtels déserts subsistent à peu près, car ils appartiennent à des banquiers de Vienne et représentent des millions que les Autrichiens s'abstiennent d'anéantir; là encore, cette étrange impression de voir la guerre atroce courir au travers de ces fumoirs, de ces kiosques, de ces terrasses, de toutes ces promenades étiquetées par les sociétés d'excursions.

Il est aisé de transcrire d'après les communiqués officiels qu'en Cadore furent conquis le haut Cordevole jusqu'à Cherz, et la conque de Cortina di Ampezzo, avec les massifs de la Toïana et du Cristallo; que par là fut interceptée la route importante des Alpes dolomitiques, construite par l'Autriche pour abréger les communications entre Toblach et Trente; qu'en outre les Italiens ont poussé des pointes d'occupation menaçantes dans les hautes vallées de Rienz et de Sexten, à peu de distance de la grande voie de communication autrichienne de la Val Drava. Pour le savoir, vous n'avez pas besoin que personne aille se promener là-bas ; ce que vous attendez de celui qui s'est renseigné sur place, c'est qu'il vous donne une idée des efforts italiens, un écho, une couleur de « l'Alpe homicide ».

Mais d'abord je m'excuse de venir auprès de ces grandes beautés, sans dégager leurs âmes, sans donner une voix à l'attachement que toujours elles montrèrent pour la République vénitienne. Je devrais marcher dans ces montagnes en chantant les hymnes que leur dédièrent Annunzio et Carducci.

Et puis leur chaos, vous l'ai-je fait

voir ? Il y a là des sillons dans lesquels le soleil d'été ne descend que
quelques heures, des sillons où l'hiver
est éternel aussi bien que sur ces hauteurs dont les glaces ne fondent jamais.
Comment suivre les soldats dans ce
labyrinthe, dans ces milliers de plissements où des routes muletières, des
sentiers grimpent et cherchent un débouché sur les plateaux de la haute
montagne et parfois jusqu'aux glaciers ?

La guerre se noue de vallon à vallon, se prolonge dans les cols, se disperse, se fait guérilla, s'éparpille en
actions individuelles, s'achève en duels
sans témoin. Dans ce chaos peuvent
seuls combattre des hommes connaissant à fond la montagne. L'Autriche
emploie des contrebandiers et des chasseurs de chamois. Les chefs italiens

savent à l'occasion constituer des
équipes d'extraordinaires alpinistes.
Le caractère hasardeux de cette guerre
séduit, dit-on, l'esprit d'aventure des
soldats, à la manière de la guerre
aérienne; en tout cas, il frappe beaucoup l'imagination italienne. Les luttes
sur la Tofana sont célèbres.

Singulière impression de voir dans
ces hôtels désaffectés de Cortina, de
Misurina ou des Tre Croci, le registre
d'honneur où s'inscrivaient les tou-
ristes qui avaient fait l'ascension de la
Tofana, et d'apprendre que maintenant là-haut, sur ce mont magnifique,
à 3.400 mètres, les soldats italiens ont
hissé une pièce de 65 ! On voudrait savoir les détails. Il y a toute une littérature, tout un commencement de folk-
lore sur cette prodigieuse guérilla de
patrouilles, dans ce chaos de rochers

et de glaces. L'épisode le plus fameux, c'est la prise du Monte-Cristallo.

Les officiers italiens me l'ont racontée en face même des hauts murs coupés à pic et chargés de neiges éternelles. Un prêtre du pays qui avait soigné là-haut des blessés amis et ennemis, confirmait les détails.

Les Autrichiens occupaient le Monte-Cristallo, d'où l'on domine la conque d'Ampezzo et toute la vallée du Felizon, et ils allaient y monter de l'artillerie. De toute urgence, il fallait les expulser. Mais comment escalader ces quinze cents mètres de parois verticales?

Un officier, alpiniste très connu, s'en chargea. Il choisit ses hommes dans tous les régiments. Un beau soir, les voilà qui partent munis de centaines de mètres de cordes, de crampons, d'instruments à forer les rochers. Pendant sept jours, on vit une chaine de petits points gris, une chaine d'hommes qui travaillaient suspendus au long de l'immense muraille. Ils plantaient des anneaux dans la pierre, attachaient des cordes, enfonçaient des pointes de fer là où manquait une saillie pour y poser le pied. Les travailleurs alpins se relayaient. Derrière eux, les soldats s'exerçaient à pratiquer le chemin, pour le bien connaitre, degré par degré. Chaque jour l'escalade atteignait un peu plus haut. Enfin les premières crêtes furent atteintes à 1.000 mètres au-dessus de la vallée. On tirait parti des « canaloni » (canaux, cheminées), des fissures, des corniches... Un soir, l'escalade définitive fut donnée. Les soldats avaient des espadrilles de corde, pour ne pas donner l'éveil à l'ennemi par le bruit de leurs pas, et pour avoir meil-

leure prise sur la pierre. Ce fut un long
grimpement sur les neiges. dans un
labyrinthe de pierre et de glaces. Divi-
sés en grosses patrouilles, les Italiens
enveloppèrent la Cresta Bianca. A peine
les Autrichiens surpris eurent-ils ouvert le feu sur les plus proches. la fu-
sillade les cerna de partout.

Voilà l'épisode fameux de la prise du
Monte-Cristallo. tel que le rapporte
Barzini. Prenez-le comme type d'une
série indéfinie d'exploits tout sembla-
bles ; escalade du col Rosa, du Monte-
Piana... Mais quand nous connaîtrions
tous ces « jours de gloire », pour bien apprécier l'effort de ces soldats, il nous
resterait encore à nous représenter l'or-
dinaire de leur vie glaciale, au milieu
des tourmentes de neige, dans les abris
des rochers, au-dessus des abîmes, ra-
vitaillés à des mois d'intervalle...

En regardant le silence prodigieux
de la vallée mélancolique où repose
sous le brouillard le lac de Misurina,
j'avais peine à donner un sens à cette
rumeur sourde d'artillerie qui nous venait des hautes cimes neigeuses. De
même dans les vallées d'Alsace ou bien
à ces altitudes de 1.300 mètres, à deux
pas de ces noms qui sentent la mort,
le Vieil-Armand, le Linge, nous com-
mettions bien involontairement l'im-
piété de ne plus voir la guerre. Guerre
d'usure, guerre invisible ! Combien,
sur toutes les parties du front, le soldat anglais, russe, belge, serbe, italien,
français est obligé de fournir des efforts
supérieurs à ceux de ses plus glorieux
anciens ! Où est le temps que Lodi,
Castiglione, Arcole, Rivoli ouvraient
les Alpes de Carnie et de Styrie et menaient les avant-gardes du général Bo-

naparte jusqu'à vingt-cinq lieues de Vienne?

La vallée de la Cortina, la vallée de Misurina, la vallée du Padola sont des passages qui conduisent d'Italie sur la Drave. Chacune de ces vallées, chacune des avances qu'y font les Italiens est une menace sur le flanc ennemi, et les Autrichiens accumulent toutes les défenses possibles pour protéger les approches de cette Drava qui constitue leur ligne de communication unique et vitale avec le Trentin.

...Arrivés à ce point de notre visite le long des lignes italiennes, nous devrions aller dans le Trentin qui est tout ce qui nous reste à voir. Mais à plusieurs reprises, depuis quarante-huit heures, il nous a été indiqué que les circonstances n'étaient pas favorables. L'offensive autrichienne qui commence empêcherait qu'on nous montrât grand'chose, et d'ailleurs, pour visiter les diverses vallées qu'il faut toutes aller prendre en aval, ce n'est pas d'un jour, mais de dix jours que nous devrions disposer. Résignons-nous à la nécessité. La partie de notre petite caravane qui possède le pouvoir exécutif (c'est ainsi que parlait Stendhal) propose qu'ayant couché à Belluno ce soir, nous allions tout droit, dès demain mercredi 17, à Venise visiter les défenses de la ville et, j'ajoute, causer avec Gabriele d'Annunzio.

IX

VENISE EN TENUE DE GUERRE

Le mercredi 17 mai au matin, nous quittons en automobiles Belluno, et au bout d'une heure, nous longeons le Lago Santo, lac charmant de solitude et de pureté qui, me dit-on, fournit sa force pour la production de la lumière électrique à Venise. « Taisez-vous, guide trop savant ! J'aime mieux croire qu'il est sauvage. » Successivement nous dépassons Vittorio, Conegliano, Treviso et de nombreuses villas d'un beau goût

vénitien. Enfin, vers midi, nous voyons
se lever la merveille dans les buées
de sa lagune, et nous prenons à Mestre un canot a vapeur pour Venise.

Une fois encore, nous voici dans l'aimable ville. Brillante, elle repose toujours au milieu de ses miroirs ; ses gon-
doliers moins nombreux disputent avec
la même vivacité inépuisable ; ses femmes sous le châle noir, ses enfants
rouges, bleus et violets, ses pigeons,
tout son peuple familier l'animent
comme aux jours heureux, et la foule
cosmopolite en fuyant n'a rien emporté
de la délicate poésie. Tout est pareil
d'abord, semble-t-il, sauf là-bas, au-
dessus du Jardin public, une « sau-
cisse », un dracken italien, personnage
un peu bouffe, duègne plutôt que chevalier, qui veille baigné d'azur sur le
repos de la beauté.

Italie, terre inépuisable en merveilles ! Nous allons au *Danieli*, seul hôtel qui, bien qu'à demi transformé en hôpital, demeure ouvert, et voilà-t-il pas qu'après le déjeuner, à deux heures moins le quart, les lustres des salons commencent à se balancer ! Tout s'émeut, chancelle doucement. C'est un tremblement de terre.

Ma première visite, avant que je passe chez Gabriele d'Annunzio, et sur le chemin de sa maison, sera pour Saint-Marc.

Formidable spectacle de la basilique en tenue de guerre ! Le chef-d'œuvre a revêtu le casque et la cuirasse ; d'innombrables sacs de terre recouvrent ses richesses. Mais tandis que ces fameuses beautés, prières d'or, d'argent et de diamants se cachent, des soldats et des femmes à genoux multiplient

13.

leurs supplications autour d'une Vierge et d'un Christ exposés. Je ne me lassais pas de regarder ces adorants et cette église en esprit, cette âme invincible qu'ils dressaient au milieu des splendeurs périssables.

Le lieutenant Ugo Ojetti a été chargé de veiller à la sauvegarde des monuments et des œuvres d'art dans la zone de guerre. Il nous accompagne et appelle notre attention sur les mesures qu'il a prises. C'eût été excellent de recouvrir extérieurement, de mettre sous cloche Saint-Marc et le palais des Doges, mais ces fragiles merveilles posent sur des pilotis qu'une surcharge de poids écraserait. Ojetti a dû se borner à soutenir chacun des détails les plus précieux, par exemple à placer des colonnes d'appui dans les arceaux du palais, et ces colonnes, il a soin qu'elles

s'harmonisent avec l'ensemble. Délica-
tesses d'amoureux, mais attendez
qu'une bombe arrive, le tout ne sera
plus que poussière. Chaque jour des
avions austro-boches viennent sur la
ville. D'une minute à l'autre, le crime
peut s'accomplir et, comme il défie toute
précaution, il défierait toute réparation.

Je n'avais pas vu Venise depuis le
Campanile de la place Saint-Marc re-
construit. Son aspect de neuf lui donne
l'air d'un intrus, l'air d'un géant qui
serait venu de l'étranger demander en
mariage la basilique et demeurerait là
gauche et figé, en costume trop neuf...
On aurait pu teinter ses pierres, le
peindre à l'ancienne. On s'en est abs-
tenu par respect pour la vérité, on n'a
pas voulu faire un faux. C'est un scrupule honorable, mais alors comment
justifier la reconstitution elle-même ?

Les Athéniens n'ont pas rétabli le temple d'Athéné, brûlé par les Perses : sur ses décombres précieux, ils ont construit le Parthénon de Périclès. Les Vénitiens de jadis auraient inventé quelque chose de nouveau qu'ils auraient pensé eux-mêmes.

Cette critique, je m'empresse de le dire, est d'ordre théorique. En fait, on a pris la meilleure décision qui fût possible. Nous autres, les étrangers, nous aurions mauvaise grâce à la blâmer : c'est nous qui prions Venise de vouloir bien accepter d'être un musée, un conservatoire de beauté, et de vivre une vie un peu archéologique. Mais le génie de l'Italie garde sa fécondité. Et cette après-midi même, ne vais-je pas voir une fleur qui s'épanouit sur la tige antique, une fleur non pareille aux fleurs de jadis, car la nature jamais ne se répèté, mais leur parente et leur rivale de couleur et de parfums.

Gabriele d'Annunzio, l'homme et l'écrivain, avec son génie et toutes ses audacieuses libertés, se place dans la grande tradition italienne, dont il reçoit et prolonge l'impulsion. Il fut beaucoup discuté de ses compatriotes. Je me rappelle et ne reproduis pas l'expression saisissante avec laquelle, la première fois que je le vis à Paris, il m'exprimait son contentement d'être ainsi la proie de l'opinion. Aujourd'hui, ce poète est dans son pays une puissance de fait dont les uns se réjouissent et que les autres subissent. Si quelques esprits chagrins veulent encore le critiquer, on leur conseille qu'ils le considèrent d'ensemble ou dans ses plus belles parties, et surtout qu'ils fassent un retour sur eux-mêmes et qu'ils se demandent, en voyant leurs propres imperfections, s'ils les compensent par les œuvres, les actes et les paroles de ce grand Italien.

Gabriele d'Annunzio réalise peut-être ce que le quinzième et le seizième siècles avaient vainement cherché à créer en littérature.

Les Italiens ont toujours eu un grand goût de l'art décoratif. C'est leur caractère dominant, qu'ils manifestent aujourd'hui encore, bien qu'avec moins de finesse... (A peine ai-je écrit ce mot de restriction, que je dois l'effacer. Le vocabulaire manque, ou du moins il me faudrait une longue réflexion pour bien saisir et bien exprimer ce qu'il y a chez tout Italien de simplicité, de familiarité et de théâtral.) Souvent nous comprenons mal certains morceaux de la grande époque que nous

admirons à part, quand ils valaient
comme des parties soumises à un ensemble. La Renaissance italienne rê-
vait un rêve si beau, si riche d'inten-
tion, si plein de formes plastiques que
ses grands chefs-d'œuvre de peinture,
de sculpture, d'orfèvrerie et d'architec-
ture, contiennent beaucoup plus de
choses que nous n'en savons voir. Ce
mélange de richesse technique et de
fraicheur de sentiment, elle eût aimé
le déployer dans ses œuvres littéraires.
On entrevoit ce qu'elle recherchait et
qu'elle n'a pu réaliser, ni en vers ni en
prose, si l'on étudie certains de ses
théoriciens et par exemple *le Songe de
Poliphile*, œuvre bien ennuyeuse, c'est
entendu, mais extraordinaire d'imagination érotique et plastique, et de force
décorative dévergondée, qui fut plusieurs fois traduite en français et en

dernier lieu par le savant amateur Claudius Popelin.

Annunzio a recueilli cette tradition d'infinies recherches dans le raffinement. Dès les poèmes de sa jeunesse, étonnants de liberté, de pureté (*Poèmes d'Isotta*, *poèmes paradisiaques*, *élégies romaines*), où l'amour se développe dans des paysages magnifiques, quelle maîtrise de l'expression, quelle fusion du sentiment avec le décor superbe des grands jardins de Rome! Comme le génie adolescent se nourrissait avec richesse et noblesse des réminiscences antiques! Et voyez les œuvres de ces dernières années, les grandes fresques théâtrales qu'il produisit en langue française. C'est inimaginable ce qu'un « mystère » comme *le Martyre de Saint-Sébastien*, où il me fit l'honneur et l'amitié d'inscrire mon nom, suppose de civilisations amalgamées et d'imagination poussées à leurs limites.

A cette vertu d'avoir retrouvé les plus ambitieuses traditions de l'art italien, Annunzio joint aujourd'hui l'honneur qu'on le renomme justement un des guides et l'animateur de sa nation. Aux jours les plus tragiques, il a précipité le destin, tout en maintenant l'accord du roi et du peuple, et de Gênes à Rome, à grands coups de discours pareils à des odes, il a poursuivi, écrasé le parti de l'étranger. L'histoire dira qu'il répandit une brûlante beauté sur les calculs qu'il fallait bien que l'on fît, mais qui risquaient d'amener un refroidissement de l'âme populaire.

Un jour que je cherchais à savoir quelles sont les forces spirituelles de l'Italie, quelqu'un m'énumérait ses hommes politiques éminents, propres à mettre dans des ministères. et sur ma question : « Et Annunzio ? » — « Oh ! Annunzio (une hésitation comme devant un objet non classé), il occupe la situation d'un journaliste supérieur. » Quelle petite idée de ce qu'est le pouvoir spirituel ! Le vieux prophète Hugo définissait mieux l'espèce à laquelle appartient Gabriele d'Annunzio quand, vers 1871, il crayonnait pour lui-même, sur un papier froissé, cette note : « J'ai une certaine quantité de pouvoir spirituel. Veux-je autre chose ? Non. Le pouvoir matériel ? Pourquoi ? Être ministre ? Président ? etc. A quoi bon... Je n'ai pas besoin d'être fonctionnaire... »

Mais je me suis attardé en m'en allant à pied au *Palazzino rosso*. Quand j'y arrive, l'espace me manque, et c'est plus sage que je remette à demain le récit d'une belle conversation.

X

LE CONCERT CHEZ LE POÈTE. — LA VILLE
DANS LES TÉNÈBRES. — UN VOL SUR VE-
NISE.

Annunzio habite sur le Grand Canal
un tout petit palais que se rappellent
sans doute les visiteurs de Venise.
C'est le Palazzino rosso, au fond d'un
étroit jardin dont les arbustes se pen-
chent vers l'eau par-dessus une balus-
trade de marbre. Et c'est harmonieux
et juste que pour souffrir et se reposer

le poëte du *Feu* ait trouvé cet endroit raffiné...

Mais le voici qui vient à nous : amaigri, pâle, l'œil gauche caché par un bandeau noir, plus charmant que jamais en jeune officier.

Nous nous embrassons, et d'abord des nouvelles de sa santé. A son avis, il ne retrouvera pas l'usage de son œil, mais son état général était tellement sain qu'il n'a pas eu de complication.

Cette dernière réflexion, Annunzio l'a faite avec la gentille fatuité toute sereine que ses amis lui connaissent et que j'écoute joyeusement, car elle me le montre, sous une plus belle parure de gloire, toujours pareil à lui-même.

Le terrible, ce fut la nécessité de demeurer pendant près de trois mois dans l'obscurité, sans mouvement, la tête plus basse que les pieds, et livré aux visions... Il ne parle ni de sa fièvre, ni des douleurs au milieu desquelles je sais bien qu'il a vécu, mais seulement, des images obsédantes que son œil malade lui impose durant d'interminables insomnies. Pas une minute il ne se plaindra. Puisque nous l'obligeons à dire quelque chose de son mal. il prend d'une manière toute simple le ton d'un artiste décrivant des curiosités.

Tandis qu'il parle, et sans me distraire de l'admirer, je regarde le charmant décor. Il faudrait la science et le minutieux pinceau de Théophile Gautier pour décrire ce palazzino silencieux qu'éclaire le petit jardin et pour inventorier ces pièces minuscules dont les plafonds et les murs, curieusement ouvragés, sont couverts d'objets rares et précieux.

— Je devais, nous dit-il, me sou-

mettre aujourd'hui à une petite opération : je l'ai différée pour vous appar-
tenir, mais je n'ai pas pu ajourner un
petit concert, un quintette que j'ai là,
parce que les « virtuosi » viennent des
batteries du Lido avec une permis-
sion de leurs commandants qu'on ne
peut pas renouveler. Aujourd'hui ils
me jouent de la musique française
de chambre, César Franck et Maurice
Ravel.

Et sur notre désir de ne pas inter-
rompre son plaisir, il nous mène au
premier étage dans sa chambre où l'at-
tendent quelques amis et sa fille, charmante personne de vingt ans, accourue
dès la première heure pour veiller à
son chevet.

J'ai toujours pensé qu'Antigone était
la plus belle figure de la poésie, mais
Antigone de la fable n'a pas eu le

bonheur de soigner un père poète et
soldat.

De la pièce voisine, la musique
s'élève et remplit de rêve le petit palais. Ce sont d'excellents artistes, ces
soldats triés par leurs chefs dans les
batteries du Lido, et ils jouent de
toute leur âme pour enchanter la souffrance du maître qu'ils admirent.

Écoutons, regardons; c'est là sous
nos yeux, tout vivant, un de ces tableaux que le grand art aime à prendre
pour thème. Dans la ville où Giorgione
peignit le *Concert champêtre*, j'assiste
au concert pour le héros : Annunzio,
étonnamment jeune, pâle et faible, reçoit avec son sourire toujours égal
l'amitié de ses hôtes; sa fille, au visage
doux et profond, n'a de regard et de
pensée que pour le blessé vénéré; auprès d'elle, une amie de son âge, lui

tient la main dans un geste de sympathie comme pour la rassurer, et une
troisième jeune femme agenouillée par
terre, assise sur ses talons, le regard
perdu, écoute avec avidité la musique,
réalisant ainsi le type classique d'une
sainte Cécile.

Je me penchai vers le poète : « Annunzio, vous rappelez-vous ce grand
vers de Hugo : « Homme, Thèbe éternelle, en proie aux Amphions ! »

Pourquoi cette réminiscence ? C'est
que sous l'action de la musique je
venais de voir dans le prolongement de
cette chambre toutes les salles de verdure, tous les boudoirs, tous les jardins, toutes les retraites de la volupté et
de la nostalgie, peintes par le Tasse et
l'Arioste, ou rêvées par la race italienne,
et puis, dans le même moment, sous
un coup plus grave de l'archet, m'était

réapparue la cave d'Ablain-Saint-Na-
zaire, telle qu'ici même je l'ai décrite
jadis, où des soldats de France, dans
une obscurité qui m'empêchait de distinguer leurs figures, jouaient des morceaux grandioses de Bach tandis que le
bombardement ravageait sur eux le village.

O France plus janséniste, Italie plus
païenne ! Il faut apprendre à connaître
et à respecter les diverses espèces d'êtres
nobles qu'il y a de par le monde, et
c'est encore une forme du courage chez
Annunzio que cette fidélité à sa nature
et que cette volonté de s'envelopper
toujours d'une atmosphère précieuse et
rare.

Après le concert, Annunzio et moi,
demeurés seuls, nous avons causé in-
définiment de son rôle, de la guerre et
des choses d'art. Longuement, il m'a

raconté les préparations. les difficultés,
les angoisses. le triomphe de sa propa-
gande, et ce grand artiste savant com-
parait ses harangues pour la résurrec-
tion latine aux discours des tribuns
italiens du treizième siècle.

Réunissant notre expérience. nous
sommes d'accord. tous deux, pour con-
sidérer que dans nos deux pays la
nation. à cette heure. c'est l'armée,
et que chacun. à l'arrière. vaut dans
la mesure où il se raccorde aux soldats.

Puis le poète me parla des dictées ou
des écrits à tâtons qui furent l'œuvre de
ses insomnies de sa fièvre, peut-être de
ses délires, et qu'il va publier sous le
titre de *Nocturnes*.

— J'ai dû. me dit-il. inventer une
nouvelle manière. appropriée à mon
état. Jusqu'alors. j'étais habitué à voir

ce que j'écrivais: maintenant un mot
que je trace à l'aveugle sur ces petits
cahiers étroits, c'est comme si je le lan-
çais derrière moi. Ce sont des aveux
jetés dans la nuit. Et quand ma fille
me les relit le matin, en m'entendant
parler ainsi, je suis profondément
ému.

Le soir approchait: la lumière moins
vive permettant au blessé qu'il se ris-
quât dehors, nous sommes partis en
gondole à rames.

Sous ses énormes lunettes noires, le
corps perdu dans son large manteau
d'officier, le visage et les mains ame-
nuisés par la souffrance, la parole plus
fière et toujours vigoureuse, imagée,
quel personnage précieux il fait, notre
ami, dans ce crépuscule. Les gondo-
liers, qui le reconnaissent, le saluent,
et les soldats d'un hôpital que nous

longeons. l'ayant aperçu. accourent tout bandés aux fenêtres. et l'acclament à l'italienne par des applaudissements.

Nous allons au nord de la ville, dans un quartier vétuste et désert de palais délabrés. au Casino dei Spiriti.

C'est un jardin du seizième siècle, qui n'avait jamais disparu complètement et que le goût excellent de son propriétaire a rétabli d'après les anciennes gravures. tel que le connurent Michel-Ange et Vittoria Colonna. Les colonnades s'y mêlent aux fleurs, aux arbustes. aux arbres, pour former un ensemble noble et mystérieux, ordonné en une suite de chambres, diverses de couleur. de dessin et de parfum. Nous allons respirant, admirant et causant, et arrivés au fond de ce promenoir enchanté, à travers les barreaux de la

vieille grille contre laquelle vient frai-
chir la lagune, nous voyons sur l'eau
déserte, au loin, dans l'atmosphère
bleue et rose du soir, le cimetière.

« C'est là, me dit Annunzio, que reposent mes pauvres compagnons », et,
après un silence que remplit notre
double prière, il ajoute : « Pensons
maintenant aux collines de Verdun ! »

Je lui raconte la mort du colonel
Driant. Il me décrit le retour de l'avia-
teur Salomone, ramenant à travers le
ciel ses deux compagnons, l'un mort,
le second blessé et dont la tête, plus
belle que la tête d'Orphée, ruisselait de
perles rouges en dehors de la nacelle.
Lui-même Annunzio, a connu au-dessus de Trieste des heures dangereuses.
« Que sont, après cela, dit-il, ces rêves
de domination et d'autres rêves encore ?
je ne désire plus que de retrouver ces

minutes où le moindre homme devient quelqu'un qu'il n'avait jamais soupçonné. »

Cette causerie, où j'ai cru voir naître un nouvel Annunzio, nous l'avons prolongée bien tard, jusqu'au milieu de la nuit, à travers la ville, survolée d'avions, toutes lumières éteintes. Quel desert, quel clapotis sinistre, quel décor de cape et d'épée, la prodigieuse collection d'estampes romantiques ! Ceux qui virent ces extraordinaires ténèbres en deviendront fort redoutables : ils ne manqueront plus jamais, si l'on parle de Venise, de fatiguer leurs contemporains en répétant avec insistance : « C'est en 1916, qu'il fallait s'y promener ! » Le poète, un peu à tâtons m'entrainait le long de ruelles sinistres que nul rayon de vie n'animait, vers les sites que son imagination préfère. Ses

admirateurs peuvent noter, dût-il mau-
dire mon indiscrétion, qu'il convient
d'aller vers minuit à la Scala del Bovolo,
que je leur laisse le soin de trouver.

Parfois Annunzio, sous ses verres et
ses bandeaux, hésitait longuement et
je le menaçais de faire connaître au
monde que le poète du *Feu* est incapa-
ble de retrouver tout seul le chemin de
la place Saint-Marc.

D'heure en heure, du haut des toits,
s'élevait le cri des bersaglieri qui veil-
lent en armes sur les terrasses où jadis
les belles Vénitiennes séchaient leurs
chevelures. Ils guettent dans le ciel les
taubes et rassurent la ville. *Per l'aria
buona guardia !* Mélopée qui saisit, at-
tendrit le cœur en rappelant le péril du
précieux trésor sans défense.

En contraste avec cette Venise perdue
dans cette épaisseur de noir, il me fut

donné le lendemain de voir la ville éblouissante comme jamais dans un cirque d'azur.

On nous montrait les escadrilles italiennes et françaises qui assurent la défense aérienne de Venise. « Quel appareil voulez-vous essayer ? » J'ai demandé de faire au-dessus de la ville et de sa lagune, le plus bas possible, un voyage de reconnaissance. Voir Venise sous un angle inconnu, comme un plan en relief, la connaître indiscrètement, du haut du ciel, alors que nous fûmes toujours prisonniers entre les façades de ses palais, la situer dans ses vastes lagunes, n'est-ce pas ce que vous m'enviez ?

À peine ai-je formé mon vœu que tout se prépare avec diligence sur les prairies où, non loin de Venise, la belle invention repose dans un coffret colossal. Le dirigeable, comme un Esprit, sort avec majesté de sa haute cathédrale. Quelle grâce, quel désir de l'espace ! « En route ! » dit le jeune officier, et déjà nous glissons à une hauteur de deux cents mètres, avec une vitesse de 64 kilomètres.

Voici la ville toute nette, ses îles, ses îlots, la mer, et notre ombre comme un gros poisson nous suit dans les eaux. Venise, trésor glorieux, occupe le centre d'espaces ensoleillés par le couchant et qu'entoure la brume. Repos charmant de la ville bleue et rose, douce comme un duvet d'oiseau, au milieu de sa lagune laiteuse. Quel malheur d'être, sur cette tranquillité, un oiseau si bruyant !

Je respire l'air marin, l'air des cimes, et puis l'émerveillement des féeries. Nous passons au-dessus du jardin que j'avais tant aimé la veille.

Parmi cinquante manuscrits, sous la

15.

poussière d'avant la guerre. j'ai un
vieux travail imparfait sur les jardins
de Venise. Quelle enquête j'avais faite
pour les dénombrer : celui de la Giu-
decca plein de roses : celui non loin de
la gare, celui... Mais, laissons : livrons-
nous au plaisir présent. au plaisir de
prendre une intelligence parfaite des
formes de Venise. de son grand canal
qui serpente et de toute la résille de ses
moindres canaux. Mon regard plonge
émerveillé à travers les rayons du soleil et les vapeurs de l'eau dans la place
Saint-Marc et dans les diverses cou-
pures au fond desquelles s'agite le charmant petit peuple. Venise elle-même.
dans cette immensité claire. semble
une fragile créature dont je crois sentir
la respiration, la palpitation délicate.
Mais déjà c'est fini de goûter le plaisir
des oiseaux. La prairie a réapparu. Des

Lilliputiens blancs courent dans l'herbe.
ont saisi les cordes jetées, nous revoici
prisonniers des gens de cette terre.

Et tandis que je monte dans le canot
qui doit me ramener en gare où le train
pour la France m'attend, là-haut, le
gros poisson d'argent a repris sa nage
dans le ciel, suivi par son ombre, noir
requin de la mer. Puissent-ils ne pas
se rejoindre ! Puissent les jeunes officiers rayonnants d'amabilité, de gaieté
accomplir heureusement jusqu'au bout
leur tâche et faire pour Venise *per*
l'aria buona guardia.

25 mai-27 juin 1916.

TABLE DES MATIÈRES

ACHEVÉ

D'IMPRIMER

LE VINGT-TROIS SEPTEMBRE

MIL NEUF CENT SEIZE

PAR ARRAULT, A TOURS,

POUR GEORGES

CRÈS ET Cⁱᵉ.

www.ingramcontent.com/pod-product-compliance
Lightning Source LLC
Chambersburg PA
CBHW072041080426
42733CB00010B/1954